신중성 프랑스어

귀가 열리면
입이 열린다

DELF A2, B1

A PARIS 1

수정증보

신중성 프랑스어

귀가 열리면 입이 열린다 DELF A2, B1
A PARIS 1 수정증보

초판 1쇄 발행   2012년 1월 27일
개정 1쇄 발행   2013년 7월 29일

저   자 신중성 저
발 행 인 윤우상
책 임 편 집 최준명, 윤병호
표 지 디 자 인 Design Didot 디자인디도
발 행 처 송산출판사
주   소 서울특별시 서대문구 홍제2동 104-6번지
전   화 (02) 735-6189
팩   스 (02) 737-2260
홈 페 이 지 http://www.songsanpub.co.kr
등 록 일 자 1976년 2월 2일. 제 9-40호

ISBN   978-89-7780-198-1 13760

신중성 프랑스어

귀가 열리면
입이 열린다

DELF A2, B1

A PARIS 1

수정증보

신중성 저

송산출판사

Avant-propos

프랑스어 초급자들을 위한 기초 청취 연습 교재를 출간하게 되어서 기쁘다. 사실 프랑스어를 오랫동안 강의를 하면서 프랑스어를 처음 시작하시는 분들에게 정확한 발음과 청취 연습을 할 수 있는 교재를 만들어야겠다고 늘 생각했었다. 이에 본 교재를 늦게나마 출간하게 되었다. 이 교재는 시리즈로 기획되어 있어 왕초보 청취 과정부터 고급 청취까지 체계적으로 공부할 수 있도록 출간될 예정이다. 우선 왕초보 및 기초 과정을 위한 교재를 출간하게 되었다.

본 교재의 특징은 처음부터 끝까지 줄거리가 있는 내용으로 되어 있어 재미있게 청취를 학습할 수 있도록 되어 있으며, 청취와 더불어 문법도 체계적으로 정리할 수 있어 종합적으로 학습할 수 있다는 것이다.

프랑스어 청취 실력을 늘리기 위해서는 간단한 회화 중심으로 되어 있는 교재로는 사실 많은 어려움이 있다. 그래서 이 교재는 회화 중심과 더불어 이야기 중심으로 되어 있어 줄거리가 있는 짧거나 긴 지문들을 통하여 청취력을 전반적으로 키울 수 있다.

본인의 프랑스어에 대한 평소의 소견은 평이한 것을 완전히 이해하는 것만이 프랑스어를 깊이 있게 알 수 있는 길이라고 보며, 또한 프랑스어 특유의 발음법과 문법 및 구문만이 갖는 날카로운 예지와 정확함을 빨리 몸에 배도록, 처음 프랑스어를 시작할 때부터 정확하게 종합적으로 공부해야 한다는 것이다.

우선 왕초보 및 기초자들을 위한 본 교재를 출간하며 빠른 시일 내에 여러분의 프랑스어 청취에 큰 보탬이 되도록 다음 단계의 시리즈 책들을 출간할 예정이다. 청취 중심의 문법, 독해 시리즈인 본 교재들을 통하여 여러분이 좀 더 가까이 프랑스어에 깊은 애착을 느낄 수 있기를 바란다.

끝으로, 이 교재를 출간하는데 교정 등 많은 도움을 주신 (주) 신중성 관계자 및 종로 신중성어학원 원어민 대표 강사 Julien 님에게 고마운 마음을 전한다.

아울러 프랑스어 보급과 교재 편찬에 항상 많은 관심을 갖고 계신 송산출판사 윤우상 사장님과 윤병호 과장 및 최준명 대리님에게도 심심한 감사의 마음을 표한다.

저자 **신 중 성**

Table Des Matieres

Leçon 1

Vers la France

 미리 들어 보세요.

et son frère Pierre poursuit ses études en allant aux cours du soir à l'université

Ils ne sont pas encore à Paris, mais ils y seront bientôt.

L'arrivée à Paris est prévue pour midi.

Serons-nous à l'heure?

le soleil matinal éclaire de plus en plus chaque recoin de la cabine

Elle se lève pour chercher quelque chose à manger dans sa valise.

les voitures se font de plus en plus nombreuses devant une ferme

Leçon 1

Marie et Pierre sont deux jeunes gens. Marie est étudiante et son frère Pierre, tout en travaillant dans une usine, poursuit ses études en allant aux cours du soir à l'université. Ils se sont préparés à passer deux mois en France ensemble.

Dans un premier livre «Vers la France», nous avons raconté leur vie dans leur pays d'origine. Dans ce livre nous parlerons de leurs vacances à Paris.

Les deux jeunes gens ont quitté leur ville, ils sont montés dans le train, nous les retrouvons maintenant près de la frontière française. Ils ne sont pas encore à Paris, mais ils y seront bientôt.

Marie se réveille, elle regarde sa montre. Le train va vite, il traverse les gares sans s'y arrêter, il roule au milieu des champs. L'arrivée à Paris est prévue pour midi. Le train se trouve en ce moment à cinq cents (500) kilomètres de la capitale.

– Dans quel pays sommes-nous?
– Serons-nous à l'heure?
– Le train n'aura-t-il pas de retard?
– Nos amis français, M. et Mme Poquelin seront-ils à la gare?
– Comment les retrouverons-nous?

Marie se pose toutes ces questions en regardant le paysage.

Pierre n'est pas encore réveillé, le soleil matinal éclaire de plus en plus chaque recoin de la cabine. Marie est seule avec lui, tous les autres passagers sont allés au wagon-restaurant pour prendre le petit déjeuner. Elle a faim. Elle se lève pour chercher quelque chose à manger dans sa valise.

Dans la campagne, le paysage a changé; dans les villages, les agriculteurs se préparent pour aller aux champs sur les routes, les voitures se font de plus en plus nombreuses devant une ferme, un groupe d'enfants joue et chante en attendant le ramassage scolaire.

마리와 삐에르는 두 명의 젊은 사람들이다. 마리는 대학생이고, 그녀의 오빠인 삐에르는 공장에서 일하면서, 동시에 대학에서 저녁 강의를 수강하며 학업을 수행하고 있다. 그들은 프랑스에서 함께 2 달을 보낼 것을 준비했다.

첫 번째 책인 《Vers la France》에서 우리는 그들 나라에서의 그들의 생활을 이야기했다. 이 책에서 우리는 빠리에서의 그들의 휴가에 대해서 이야기 할 것이다.

두 명의 젊은 사람들은 그들의 도시를 떠났다. 그들은 열차에 올라탔다. 우리는 지금 프랑스 국경 근처에서 그들을 만나고 있다. 그들은 아직 빠리에 있지 않지만 곧 그곳에 있게 될 것이다.

마리는 깨어난다. 그녀는 자신의 손목시계를 본다. 열차는 빠르게 가고 있고 역들을 멈추지 않고 가로 지르고 있다. 그것은 들판 한가운데를 달리고 있다. 빠리 도착은 정오로 예정되어 있다. 열차는 지금 수도로부터 5백 킬로미터 지점에 있다.

– 우리는 어느 나라에 있지?
– 우리는 제 시간에 도착하게 될까?
– 열차는 늦지 않을까?
– 우리의 프랑스 친구들인 뽀끌랭 부부가 역에 있을까?
– 우리는 어떻게 그들을 다시 만나게 될까?

마리는 경치를 바라보면서 모든 이 질문들을 자신에게 해 본다.

삐에르는 아직 깨어나지 않고 있다. 아침 햇살이 객실의 구석구석을 점점 더 많이 비추고 있다. 마리는 단지 그와 함께만 있다. 모든 다른 승객들은 아침 식사를 하러 식당차로 갔다. 그녀는 배가 고프다. 그녀는 여행 가방 안에서 먹을 것을 찾기 위하여 일어난다.

프랑스를 향하여

시골에서는 경치가 변했다; 마을들에서는 농부들이 논밭으로 가기 위하여 길들 위에서 준비하고 있다. 농장 앞에는 차들이 점점 더 많아지고 있다. 한 무리의 아이들은 스쿨버스를 기다리면서 놀며 노래하고 있다.

알고가요

les jeunes gens : 젊은 사람들 - gens 은 항상 복수로 쓰인다.

poursuivre ses études : 수업을 받다

aller aux cours : 수업을 받으러 가다

raconter : 이야기하다

le pays d'origine : 고국, 본국

retrouver : 다시 만나다

la frontière française : 프랑스 국경

y : 장소를 받는 중성 대명사로서 '그곳에, 거기에'로 번역 된다.

bientôt : 곧, 머지않아

se réveiller : (스스로) 깨어나다

la montre : 손목시계

sans s'y arrêter : 전치사 다음에 동사가 오면 원형을 쓴다.

rouler : (자동차, 기차, 자전거, 오토바이 등) 달리다, 굴러가다

L'arrivée (f.) : 도착 ↔ le départ 출발

prévu,e : 예견된, 준비된, 예정된 (prévoir 동사의 과거 분사형)

se trouver : ~이다, ~에 있다 (= être)

en ce moment : 지금 (= maintenant)

être à l'heure : 시간을 지키다, 정시에 있다

(être en avance 이르다 ↔ être en retard 늦다 = avoir du retard)

se poser des questions : 자문하다

en regardant : 바라보면서 (en + 현재 분사 = 제롱디프)

matinal : 아침의, 오전의

de plus en plus : 점점 더 ↔ de moins en moins 점점 덜

chaque : 각각의

le recoin : 구석 - chaque recoin 구석구석

la cabine : (열차) 객실

le passager : 승객

le wagon-restaurant : 식당차

l'agriculteur, l'agricultrice : 농부

nombreux, nombreuse : 수많은

le ramassage scolaire : 스쿨버스, 통학 버스

* tout en travaillant : 제롱디프 앞에 tout 가 붙으면 강조의 표현이 된다.
* se préparer à (= pour) + inf : ~하기를 준비하다

* 1군 동사의 단순미래 만들기 : 동사 원형에 인칭에 따라 예외 없이 -ai,-as,-a, -ons,-ez,-ont를 붙인다.

   Je parlerai, Tu parleras, Il parlera,
   Nous parlerons, Vous parlerez, Ils parleront

* quitter 동사는 타동사이므로 복합 시제를 만들 때 조동사 avoir 를 취한다.
* 전치사 pour 는 예정된 시간이나 기간을 나타낸다.
   (pour midi : 정오를 예정으로)

* Le train n'aura-t-il pas de retard? - 명사가 주어일 경우에 의문문으로 바꿀 때는 주어, 동사 도치가 안 되며 그 명사를 대명사로 받아 동사 뒤에 붙이는 데 모음과 모음이 겹치면 발음상 -t-를 넣는다.

* quelque chose à + inf : ~할 것 ↔ ne ~ rien à + inf
* se faire + 형용사 : ~이 되다 (= devenir + 형용사)

1. en + ~ ant (현재분사) : ~하면서 (Gérondif – 제롱디프)

현재 분사는 직설법 현재 1인칭 복수에서 어간을 따서 그 어간 뒤에 -ant 를 붙이면 된다.

prendre - Nous prenons - pren**ant**
faire - Nous faisons - fais**ant**

현재분사 앞에 en 을 붙이면 '~하면서' 란 뜻을 갖는 제롱디프(Gérondif)가 된다.

Elle parle à son père **en** lis**ant** le journal.
그녀는 신문을 읽으면서 아버지에게 말한다.

Il travaille toujours **en** chant**ant**. 그는 항상 노래하면서 일한다.

또한 제롱디프 앞에 tout 를 쓰면 강조의 의미로 쓰인다.

Le matin il déjeune **tout en** lis**ant** le journal.
아침마다 그는 신문을 읽으면서 아침 식사를 한다.

우리나라 말로는 특별히 다르게 번역되지는 않지만 프랑스어에서는 의미상 강조가 된다.

2. se préparer à(= pour) + inf : ~할 준비를 하다

Je me prépare à partir pour la France.
나는 프랑스로 떠날 준비를 하고 있다.

3. quitter (~를) 떠나다 – 타동사 / partir (~로) 떠나다 –자동사

quitter 동사는 직접 타동사이므로 복합 시제로 해 줄 때에는 조동사 avoir를 취하고, partir 동사는 왕래 발착 자동사이므로 조동사 être를 취한다.

Son mari l'**a** quittée, il y a deux ans.
그녀의 남편은 2년 전에 그녀를 떠났다.
Elles **sont** parties à Paris. 그녀들은 빠리로 떠났다.

4. se trouver + 장소 = être + 장소 : ~ 에 있다.

Cet hôtel se trouve au milieu du quartier latin.
그 호텔은 라땡가 한 가운데에 있다.

5. être en avance 이르다, 빨리 오다
être à l'heure 시간에 맞춰 오다, 정시에 오다
être en retard = avoir du retard 늦다, 지각하다

Le train **a du** retard. 기차가 늦고 있다.
Le train n'a pas de retard. 기차가 늦고 있지 않다.
Le train n'aura-t-il pas de retard? 기차가 늦지 않을까?

Le train **est en** retard. 기차가 늦고 있다.
Le train n'est pas en retard. 기차가 늦고 있지 않다.
Le train ne sera-t-il pas en retard? 기차가 늦지 않을까?

6. 복합 시제로 할 때 "왕래 발착을 나타내는 동사 중에서도 자동사"는 조동사 être를 취해 주며, 그 과거 분사는 항상 주어의 성과 수에 일치 시켜 준다.

Elles **sont allées** à l'université. 그녀들은 대학교로 갔다.
Ils **sont montés** chez eux. 그들은 그들의 집으로 올라갔다.
cf Elles **ont quitté** leur ville. 그녀들은 그녀들의 도시를 떠났다.

핵심 콕 머리 쏙

7. quelque chose à + inf : ~할 것

Je cherche **quelque chose à** boire. 나는 마실 것을 찾고 있다.

부정의 표현으로는 "ne ~ rien à + inf" 를 쓴다.
Je **ne** cherche **rien à** boire. 나는 마실 것을 아무것도 못 찾고 있다.

Leçon 2

A la frontière française

🎵 미리 들어 보세요.

Les voyageurs sont tous revenus à leur place, ils écoutent en silence.

Avez-vous des choses à déclarer?

Quels livres avez-vous emportés? Sont-ils neufs?

Tout cela a été assez rapide et n'a duré que quelques minutes.

les contrôles embarqués sont rares

et les formalités douanières se font généralement à destination.

Le train est entré dans une grande gare et s'est immobilisé, c'est la gare frontière. Sur le quai il y a des douaniers. Ils se préparent à monter dans les wagons.

- Nous sommes à la frontière française, pense Marie.

Un homme crie. Il s'exprime en français. Marie l'écoute avec attention.

– Restez dans les wagons, restez à vos places. Les douaniers monteront dans le train dans un moment. Préparez vos passeports, s'il vous plaît.

Pierre n'est toujours pas réveillé. Les voyageurs sont tous revenus à leur place, ils écoutent en silence.

- Les douaniers sont-ils passés? demande une vieille dame.

- Non, Madame, pas encore, ils vont passer d'un instant à l'autre.

- Faut-il rester ici? demande-t-elle encore à Marie.

- Oui, madame, il faut rester à sa place.

Un homme entre et demande :

– Vos passeports, s'il vous plaît.

A ces mots, Pierre se réveille. Il montre son passeport ainsi que le passeport de sa sœur. Le douanier regarde les papiers des jeunes gens.

– Qu'est-ce que vous avez dans vos bagages? Avez-vous des choses à déclarer? Cigarettes, alcool?

– Non, monsieur. Nous n'avons pris que nos vêtements et quelques livres.

– Quels livres avez-vous emportés? Sont-ils neufs?

– Non, ils ne sont pas neufs, ce sont nos livres de français et nos dictionnaires. Voyez vous-même.

Pierre les lui montre. Le douanier a posé les mêmes questions aux autres passagers. Il a inspecté la valise de la vieille dame et y a déplacé quelques vêtements.

Tout cela a été assez rapide et n'a duré que quelques minutes.

- Le douanier est aimable, a pensé Marie.

Le train a quitté la gare frontière à l'heure. Depuis l'ouverture des frontières, les contrôles embarqués sont rares et les formalités douanières se font généralement à destination.

열차가 큰 역으로 들어가더니 멈추었다. 국경역이다. 플랫폼 위에는 세관원들이 있다. 그들은 객차에 오를 준비를 하고 있다.

– 우리는 프랑스 국경에 있구나, 라고 마리는 생각한다.

한 남자가 소리친다. 그는 프랑스어로 하고 있다. 마리는 주의 깊게 그의 말을 듣는다.

– 객차에 머물러 계십시오, 여러분들의 자리에 계십시오. 세관원들이 곧 열차에 오를 것입니다. 여러분들의 여권을 준비해 주시기 바랍니다.

삐에르는 여전히 깨어있지 않다. 여행객들은 모두 자신들의 자리로 되돌아 왔다. 그들은 조용히 듣고 있다.

– 세관원들은 지나갔나요? 라고 노부인이 물어 본다.

– 아니오, 아직 아닙니다, 마담. 그들은 잠시 후에 지나갈 것입니다.

– 여기에 머물러 있어야 하나요? 라고 그녀가 또 마리에게 물어 본다.

– 예, 마담. 자리에 머물러 있어야 합니다.

한 남자가 들어와서 요구한다:

– 여권들 좀 부탁드립니다.

이 말에 삐에르는 깨어난다. 그는 자신의 여권과 함께 여동생의 여권을 보여 준다. 세관원이 젊은 사람들의 신분증을 본다.

– 당신들의 짐 속에는 무엇이 있습니까? 신고하실 물품들은 있습니까? 담배나 술?

프랑스 국경에서

– 없습니다, 선생님. 우리는 옷들과 책 몇 권만을 갖고 있습니다.

– 어떤 책들을 가져왔습니까? 새 책들인가요?

– 아닙니다. 새 책들이 아닙니다. 우리의 프랑스어 교재와 사전들입니다. 직접 보십시오.

삐에르는 그 책들을 그에게 보여 준다. 세관원이 똑같은 질문들을 다른 승객들에게도 했다. 그는 노부인의 가방을 검사했고, 가방에서 옷 몇 벌을 꺼냈다.

이 모든 것은 꽤 빠르게 진행되었고, 단지 몇 분밖에 시간이 걸리지 않았다.

– 세관원이 친절하구나, 라고 마리는 생각했다.

열차는 국경역을 제 시간에 떠났다. 국경 개방 (EU 통합) 이후에 탑승 검색은 드물게 되었고, 세관 절차는 일반적으로 목적지에서 이루어지고 있다.

s'immobiliser : 정지하다 (= s'arrêter)

le quai : 승강장, 플랫폼, 강변, 부두

le douanier, la douanière : 세관원

crier : 소리 지르다

s'exprimer : (자신의 생각을) 표현하다

avec attention : 주의 깊게

dans un moment : 잠시 후에 (dans + 시간 : ~후에)

en silence : 조용히

d'un instant à l'autre : 잠시 후에

ainsi que : ~와 같이, ~처럼

les papiers : 신분증, 서류

déclarer : 신고하다, 선언하다

neuf : 새로운, 9개의

vous-même : 당신 자신

inspecter : 검사하다, 샅샅이 뒤지다

déplacer : 옮겨 놓다, 이동하다

quelques : 몇 몇의 (단수로 쓰이면 주로 '어떤'의 뜻)

rapide : 빠른

durer : 지속되다

aimable : 친절한, 상냥한

depuis : ~이래로

l'ouverture (f.) : 개통, 개시

le contrôle : 검사, 감시, 통제

embarqué : (비행기, 배, 기차 등) ~에 타고 있는

rare : 드문

les formalités : 수속, 절차, 의식

se faire : 행해지다, 이루어지다

à destination : 목적지에서

* falloir : Il faut + 동사 원형 (~해야 한다), Il faut + 명사 (~이 필요하다)

루브르와 피라미드

1. avec + 무관사 추상 명사 = 부사

avec attention = attentivement 주의 깊게
avec joie = joyeusement 기쁘게
avec douceur = doucement 부드럽게

2. passer 보내다, 지나가다

passer는 "시간을 보내다"라는 뜻으로 쓰일 경우에는 복합 시제로 해줄때 조동사 avoir를 취하고, "지나가다"란 뜻으로 쓰이며 자동사로 쓰일때 조동사 être를 쓴다. 보통 후자의 경우로 쓰일 경우가 더 많다.

Elle **a passé** de bonnes vacances en France.
그녀는 프랑스에서 즐거운 휴가를 보냈다.
Elle **est passée** devant le magasin. 그녀는 상점 앞으로 지나갔다.

cf Elle **a passé** la frontière française. 그녀는 프랑스 국경을 지나갔다.
– 타동사이므로 조동사 avoir 를 쓴다.

3. 문장 뒤로 가서 "~라고 말한다(물어 본다,생각 한다)" 라는 표현으로 쓰일 경우에는 주어와 동사를 도치시켜 준다.

Les douaniers sont-ils passés? demande-t-elle.
"세관원들이 지나갔나요?" 라고 그녀가 묻는다.
→ Elle demande, "Les douaniers sont-ils passés?"

단, 화자(말하는 사람)가 명사일 경우에는 복합 도치를 시키지 않는다. 단순히 주어와 동사를 도치시켜 주기만 하면 된다.

Faut-il rester ici? demande une vieille dame.
"여기에 머물러 있어야만 되나요?" 라고 한 노부인이 묻습니다.
→ Une vieille dame demande, "Faut-il rester ici?"

4. 「ne ~ que」 는 '단지 ~ 만'이란 뜻으로 que 바로 뒤에 '~만 ' 이란 말을 하고 싶은 단어를 놓으면 된다.

Nous **n'a**vons emporté **que** nos livres. 우리는 단지 우리의 책들만 가져왔다.

cf Nous **n'**avons **pas** emporté nos livres.
우리는 우리의 책들을 가져 오지 않았다.

5. 조동사 avoir를 취한 복합 시제에서 직접 목적 보어가 "조동사 + 과거분사" 보다 앞선 경우 그 과거 분사는 앞으로 나간 직접 목적 보어의 성과 수에 일치시켜 준다.

Quelle valise avez-vous emporté**e**? 당신은 어떤 가방을 가져 왔습니까?

Je **les** ai regardé**es**. 나는 그녀들을 바라보았다.

Quels sacs le douanier a-t-il regardé**s**?
세관원은 어떤 가방들을 바라보았습니까?

6. 직접 목적 보어 대명사와 간접 목적 보어 대명사를 함께 쓸 경우에는 보통 간접 목적 대명사를 직접 목적 보어 대명사 보다 먼저 쓰지만, 간접 목적 보어 대명사 중에서 lui 하고 leur 는 직접 목적 보어 대명사 뒤에 놓는다.

Tu **me le** donnes. 너는 나에게 그 것을 준다. (간접 + 직접)
Tu **le lui** donnes. 너는 그 것을 그에게 준다. (직접 + 간접) - lui 이므로

그러나 긍정 명령문에서는 예외없이 모두 **"직접 + 간접"**이다.

Donne-le-moi. 직접 + 간접
Donne-le-lui. 직접 + 간접

부정 명령문이 되면 원래의 원칙대로 된다.

Ne me le donne pas. 간접 + 직접
Ne le lui donne pas. 직접 + 간접

명령문에서는 주어가 **Tu** 일때 동사 변화가 **-es** 나 **-as** 로 끝나면, 반드시 **s**를 **탈락**시켜야 된다.

Tu ouvre**s** la porte. → Ouvr**e** la porte.
Tu va**s** au restaurant. → V**a** au restaurant.

단, 주어가 Tu 가 아닐 경우에는 s를 탈락시키면 안 된다.

Vous dite**s** la vérité. → Dite**s** la vérité. 진실을 말해 주세요.
Vous faite**s** du sport. → Faite**s** du sport. 운동하세요.

Leçon 3

A Paris

🎵 미리 들어 보세요.

Il aime bien fumer une cigarette, mais c'est interdit.

Ces cheminées crachent une épaisse fumée noire.

Puis les maisons font place aux HLM des cités.

Leur état ne présage rien de bon.

Pierre reste silencieux. Subitement, il crie à sa sœur.

Je vais te descendre tes bagages, ils sont juste au-dessus de toi.

Leçon 3

Pierre a quitté sa place. Il aime bien fumer une cigarette, mais c'est interdit. Il est allé prendre un café et observe le paysage par la fenêtre.

Le train ne roule plus dans la campagne, il est entré dans la banlieue parisienne. Il va moins vite. Il croise d'autres trains de plus en plus nombreux.

Au loin on aperçoit des usines avec de grosses cheminées. Ces cheminées crachent une épaisse fumée noire. Les maisons de chaque côté sont de plus en plus hautes et de plus en plus rapprochées les unes des autres. Puis les maisons font place aux HLM des cités. Leur état ne présage rien de bon.

Marie est restée à sa place. Toute la matinée elle a continué à bavarder avec sa voisine, la vieille dame. Elle lui a parlé de ses parents et lui a dit :

- Je suis un peu triste de les avoir quittés.

De retour à sa place, Pierre demande à sa sœur.

– Marie, quelle heure est-il?

– Il est midi moins le quart. Nous sommes très loin de la frontière maintenant. Nous l'avons traversée il y a plus de trois heures. Nous sommes presque arrivés à Paris. Dans quelques minutes, nous entrerons en gare. M. Poquelin sera-t-il sur le quai? Déjeunerons-nous avec lui? Il ne sera peut-être pas là, c'est possible. Alors, Pierre, où irons-nous? Tu nous trouveras un restaurant sympa, n'est-ce pas?

Pierre reste silencieux. Subitement, il crie à sa sœur.

– Marie, regarde, là, sur le mur, écrit en gros P-A-R-I-S, c'est Paris! Nous sommes à Paris. Vite! Prépare-toi. Je vais te descendre tes bagages, ils sont juste au-dessus de toi. Ne porte pas cette valise! Elle est trop grosse et trop lourde, tu pourras te faire mal. Je vais te la passer. Regarde sur le quai. M. Poquelin est là?

삐에르는 자신의 자리를 떠났다. 그는 담배 피우는 것을 무척 좋아하지만, 금지되어 있다. 그는 커피 한 잔을 마시러 가서 창문을 통하여 경치를 보고 있다.

열차는 더 이상 시골을 달리지 않고 있다. 열차가 빠리 교외로 들어왔다. 덜 빠르게 달리고 있다. 열차는 점점 더 많은 다른 열차들과 교차하며 지나가고 있다.

멀리에서 큰 굴뚝들이 있는 공장들이 보인다. 이 굴뚝들은 검은색의 짙은 연기들을 뿜어대고 있다. 양 쪽에 있는 건물들은 점점 더 높아지고 점점 더 서로 서로 가까워 지고 있다. 그리고 건물들은 공동 주택 단지인 HLM (저가 임대 아파트)으로 바뀌었다. 건물들의 상태는 전혀 좋아 보이지 않는다.

마리는 자신의 자리에 머물러 있었다. 오전내내, 그녀는 자신의 옆 자리에 있는 노부인과 계속 잡담을 나눴다. 그녀는 노부인에게 부모님들에 대해서 이야기 했다. 그리고는 다음과 같이 말했다:

- 저는 부모님들과 헤어져서 조금 슬픕니다.

자신의 자리로 돌아온 삐에르가 여동생에게 물어 본다.

- 마리, 몇 시야?

- 12시 15분 전이야. 우리는 지금 국경에서 부터 멀리에 있어. 우리는 국경을 3시간 이상 전에 통과했어. 거의 빠리에 도착했어. 몇 분 후면 역에 들어가게 될거야. 뽀끌랭 씨가 플랫폼에 있을까? 그와 함께 우리는 점심 식사를 하게 될까? 그가 아마 거기에 없을 수 도 있을거야. 그럴 수도 있지. 그러면, 삐에르, 우리는 어디로 갈까? 오빠가 우리에게 좋은 레스토랑을 찾아줄거지, 그렇지 않아?

삐에르는 조용한 채로 있다. 갑자기, 그는 여동생에게 소리를 지른다.

– 마리, 저기좀 봐, 벽 위에 큰 글자로 PARIS 라고 쓰여져 있어. 빠리야! 우리는 지금 빠리에 있어. 서둘러! 준비해! 내가 너에게 네 짐들을 내려줄게. 그것들은 네 바로 위에 있어. 이 가방은 들지마. 그것은 너무 크고, 너무 무거워. 너를 힘들게 할 수 있을거야. 나중에 너에게 그것을 건네줄게. 플랫폼 위를 봐. 뽀끌랭씨가 거기에 있니?

quitter : (~를)떠나다, (~와)헤어지다

interdit : 금지된 (= défendu)

observer: 관찰하다, 관측하다(= examiner, regarder), (주의해서) 지켜보다

le paysage: 경치, 풍경

la banlieue: 교외, 시외, 대도시 주변

croiser: 교차시키다, 겹치다

de plus en plus: 점점, 더욱 더

au loin: 멀리, 먼 곳에

apercevoir: 보다, 발견하다, 식별하다.

la cheminée: 벽난로, 굴뚝

cracher: 뱉다, 토하다.

épais(sse) : 두꺼운, 뚱뚱한

la fumée: 연기, 매연, 김

le côté: 옆구리, 옆면, 곁

rapproché(e): 가까운, 이웃한, 서로 가까이 있는

faire place à : ~으로 대체되다, ~에게 자리를 내주다.

HLM : Habitation à loyer modéré : 서민 주택, 저가 임대주택

l'état (m.) : 상태, 입장, 처지

présager : 예상하다, 예측하다.

bavarder : 잡담하다, 수다를 떨다

de retour à ~ : ~로 돌아와서

la frontière : 경계, 국경

traverser : 횡단하다, 가로지르다, 통과하다.

presque : 거의, 대부분

sympa : 호감을 주는, 기분 좋은, 상냥한

subitement : 갑자기

juste : 바로, 정확하게

se faire mal : 힘들게 하다, 다치다

 조금만 더

* continuer à + inf : 계속해서 ~하다

빠리의 다리들

1. aller + inf (~하러 가다, 곧 ~할 것이다)

보통 왕래 발착을 나타내는 동사 다음에 동사의 원형이 오면 "~하러, ~하기 위하여" 로 번역되어 **목적**을 나타낸다.

Elle est **allée regarder** par la fenêtre. 그녀는 창문을 통해서 바라**보러** 갔다.

Elles sont **allées** au marché (pour) **acheter** des légumes.

그녀들은 야채를 **사러** 시장에 갔다.

- 이럴 경우에 보통 전치사 pour 는 쓰지 않는다.

Il **vient** me **voir.** 그는 나를 **보러** 온다.

- 대명사는 준 조동사 (= 뒤에 동사 원형이 올 수 있는 동사들)와 원형 동사 사이에 놓는다.

2. de grosses cheminées

형용사의 위치 : 짧고 자주 쓰이는 형용사는 명사 앞에 위치하는 것이 원칙 이지만 강제적이진 않다. 그러나 **색, 형태, 맛, 기후, 국적, 명암** 등을 나타내 는 말은 보통 명사 뒤에 위치한다.

짧고 자주 쓰이는 형용사 : gros 뚱뚱한, 굵은, petit 작은, 귀여운, grand 큰, beau 아름다운, vieux 늙은, joli 예쁜, mauvais 나쁜, nouveau 새로운, bon 좋 은, 훌륭한, jeune 젊은, ancien 옛날의 등.

une petite maison 예쁜 집

une belle ville 아름다운 도시

une jolie fille 예쁜 소녀

복수의 de : "de + 복수 형용사 + 복수 명사"

복수 형용사가 복수 명사 보다 앞에 있으면 부정 관사 복수형 des 는 **de** 로 바뀌는게 원칙이지만 강제적은 아니다.

de grands yeux 큰 눈들 - 복수 형용사 + 복수 명사
de belles maisons 아름다운 집들 - 복수 형용사 + 복수 명사
cf **des** maisons blanches 하얀 집들 - 복수 명사 + 복수 형용사

3. 서로 – l'un l'autre, les uns les autres, l'une l'autre, les unes les autres

성과 수에 따라 위와 같이 변화하는데, 바로 앞에 있는 말과 연관이 있는 **전치사**가 있을 경우에는 반드시 그 사이에 넣어 주어야 한다.

Ils s'aiment l'un l'autre. 그들은 서로를 사랑한다.
Ils se parlent l'un **à** l'autre. 그들은 서로에게 이야기한다.
Les maisons de chaque côté sont rapprochées les unes **des** autres. [des 는 de les의 단축형] 양쪽의 건물들은 서로 가까이에 있다.
- être rapproché de ~ : ~가까이에 있다.

4. Leur état ne présage rien de bon. 그것들의 상태는 전혀 좋아 보이지 않는다.

ne ~ rien 은 quelque chose 의 부정형이다.

quelque chose 를 **형용사가 수식할 때**에는 바로 수식을 못하며 항상 전치사 **de**를 써줘야 한다. 그러므로 quelque chose de bon 의 부정형은 rien de bon 이 되는 것이다.

5. 부정법 과거 : 조동사 부정법 현재 + 과거 분사

부정법(동사 원형) 과거는 주절보다 항상 한 시제가 앞선다. 보통 **전치사** 다음에서 쓰인다.

Elle est triste **de** les **avoir quittés.** 그녀는 그들을 떠나서 슬프다.
- être triste de + 동사 원형 : ~해서 슬프다

위의 문장에서 슬픈 것 보다는 떠난 것이 앞서기 때문에 부정법 과거로 해주었고, 직접 목적 보어 les가 복합 시제 보다 앞으로 나왔으므로 과거 분사는 그 목적어에 일치되어 있다.

Elle part **après avoir déjeuné.** 그녀는 점심을 먹은 후에 떠난다.

6. 단순 미래는 가벼운 명령을 나타내기도 한다.

이럴 경우에 주어는 보통 **Tu, Vous, Nous** 이다.

Tu nous **trouveras** un restaurant sympa. 우리에게 좋은 레스토랑을 찾아 줘.
Vous m'**apporterez** le menu. 메뉴 좀 갖다 주세요.
Nous irons tous au café. 우리 모두 까페에 갑시다. – 청유형 명령

7. aller (준 조동사) + 대명사 + inf

Je vais **te la** passer. 내가 너에게 그것을 곧 건네 줄거야.

cf Je l'ai quittée. 나는 그녀를 떠났다.
- 조동사 avoir 나 être 다음에 과거분사가 나올 경우에 대명사의 위치는 조동사 바로 앞이다.

Leçon

4

L'Hôtel des Grands Hommes

미리 들어 보세요.

Il marche d'un pas lourd et monte les étages avec peine.

Marie va vite à la fenêtre pour observer les toits des immeubles parisiens.

J'ai envie de m'y reposer et de ne rien faire après le dîner.

Il parle lentement et prend soin de bien articuler.

j'ai oublié de vous faire remplir les fiches d'inscription

Je les déposerai à la réception en allant dîner.

C'est agaçant, tu as toujours besoin des affaires des autres.

D'ailleurs je ne le prête jamais à personne.

Leçon 4

L'Hôtel des Grands Hommes est un hôtel agréable. Il se trouve près du Jardin du Luxembourg, au cœur du quartier latin. Les professeurs et les étudiants y ont parlé latin longtemps.

C'est un hôtel calme et reposant. Peu de voitures passent sur la place du Panthéon. Le concierge de l'hôtel est vieux et il a les cheveux blancs. Il est très aimable. Il marche d'un pas lourd et monte les étages avec peine. Marie et Pierre lui ont dit :

- Il n'est pas nécessaire de nous accompagner jusqu'à nos chambres.

 Mais le concierge a insisté pour les leur montrer.

Ce sont deux petites chambres claires et propres à côté l'une de l'autre. Elles sont au cinquième étage. Marie va vite à la fenêtre pour observer les toits des immeubles parisiens. Pierre séjourne dans la chambre voisine, il chante en faisant sa toilette.

- Fais moins de bruit, lui crie sa sœur.

- Tu gênes les voisins.

Pierre se rase. Il continue à chanter, et s'arrête un moment pour demander.

– Où irons-nous ce soir?

– Le voyage m'a un peu fatiguée. Il y a un très bon fauteuil dans ma chambre. J'ai envie de m'y reposer et de ne rien faire après le dîner.

Un peu plus tard, le concierge entre dans la chambre de Pierre. Il parle lentement et prend soin de bien articuler.

– Monsieur, quand vous êtes arrivés tout à l'heure, j'ai oublié de vous faire remplir les fiches d'inscription. Il suffit d'inscrire votre nom et votre numéro de passeport. Et votre sœur aussi.

– Ah, merci monsieur. Je les déposerai à la réception en allant dîner.

Pierre cherche son stylo, mais il ne le trouve pas.

– Marie, prête-moi ton stylo.

– Ah, non, Pierre, cherche mieux. C'est agaçant, tu as toujours besoin des affaires des autres. Je ne te prêterai pas mon stylo. D'ailleurs je ne le prête jamais à personne.

그랑좀 호텔은 쾌적한 호텔이다. 그것은 라땡가 한가운데, 뤽쌍부르 정원 근처에 있다. 교수들과 학생들은 그곳에서 오랫동안 라틴어로 말했었다.

그것은 조용하고 아늑한 호텔이다. 자동차들이 거의 빵떼옹 광장 위로 지나다니지 않는다. 그 호텔의 수위는 나이가 많고 하얀 머리카락을 갖고 있다. 그는 매우 친절하다. 그는 무거운 발걸음으로 걸으며 힘겹게 층들을 오르고 있다. 마리와 삐에르는 그에게 말했다 :

- 우리 방까지 같이 가주실 필요는 없으십니다.

그러나 수위는 방들을 그들에게 보여줘야 한다고 고집했다.

그 두 개의 방들은 서로 옆에 붙어있으며 작고, 밝으며 깨끗하다. 그것들은 6층에 있다. 마리는 빠리 건물들의 지붕들을 보기 위하여 급히 창문으로 간다. 삐에르는 그 옆방에서 체류하고 있고, 그는 세면을 하면서 노래를 부르고 있다.

- 좀 조용히 해, 라고 여동생이 그에게 소리친다.

- 오빠가 이웃 사람들을 방해하고 있어.

삐에르는 면도를 한다. 그는 노래를 계속 부르더니 물어 보기위하여 잠시 멈춘다:

- 우리는 오늘 저녁에 어디로 갈까?

- 여행이 나를 약간 피곤하게 했어. 내 방에는 매우 좋은 소파가 있어. 나는 거기서 쉬고 싶고, 저녁 식사 후에는 아무것도 안하고 싶어.

얼마 후, 수위가 삐에르의 방안으로 들어온다. 그는 천천히 말하며 발음을 또박또박 하려고 신경을 쓴다.

그랑좀 호텔

- 선생님, 당신들이 조금 전에 도착했을 때, 제가 당신들에게 숙박계를 쓰게 할 것을 잊었습니다. 이름과 여권 번호를 써주시면 됩니다. 당신의 여동생도 같이요.

- 아, 감사합니다, 선생님. 제가 저녁 식사하러 가면서 프론트에 갖다 놓겠습니다.

삐에르는 펜을 찾고 있지만 발견하지 못한다.

- 마리, 펜 좀 빌려줘.

- 싫어. 더 찾아 봐. 짜증나. 오빠는 항상 다른 사람들의 소지품들을 필요로 해. 오빠에게 내 펜을 안 빌려줄거야. 게다가, 나는 그것을 어느 누구에게도 절대로 빌려주지 않을거야.

agréable : 마음에 드는, 유쾌한 ↔ désagréable 마음에 들지 않는, 불쾌한

au cœur de ~ : ~의 중심부에

le quartier latin : (빠리의) 라땡가, 라땡 구역 - 대학가

reposant,e : 아늑한

peu de ~ : 거의 ~ 하지 못한, 거의 없는 - 부정으로 번역한다

le Panthéon : 빵떼옹 신전 - 프랑스 위인들의 묘지가 있는 신전

le concierge, la concierge : 관리인, 수위 (= le gardien, la gardienne)

aimable : 상냥한

d'un pas lourd : 무거운 발걸음으로

lourd,e : 무거운 ↔ léger, légère 가벼운

l'étage (m.) : 층, 단, 단계

avec peine : 힘겹게, 간신히, 아주 힘들게

accompagner : 동반하다, 수행하다

jusqu'à : ~까지

insister : 고집하다, (끈질기게) 요구하다

observer : 관찰하다

l'immeuble (m.) : 아파트 건물, 건물, 부동산

séjourner : 체류하다, 머무르다

faire sa toilette : 세수하다, 세면하다, 몸치장 하다

gêner : 방해하다, 폐를 끼치다

se raser : 면도하다

s'arrêter : 멈추다, 그치다

un moment : 잠시

fatiguer : 피곤하게 하다, 지치게 하다

le fauteuil : 개인 소파 - le canapé 긴 소파

se reposer : 휴식을 취하다

un peu plus tard : 잠시 후

articuler : 발음하다, 또박 또박 발음하다

tout à l'heure : 조금 전에, 조금 후에

faire + inf : 하게 하다, ~하도록 시키다 - 사역의 의미

remplir : 채우다, (서류 따위에) 필요한 사항을 기입하다

la fiche d'inscription : 숙박계, 등록 서류

inscrire : 쓰다, 기입하다 (= remplir)

déposer : 내려놓다, 놓다, 두다 (= mettre , placer)

la réception : (호텔의) 프론트, 접수계

prêter qch à qn : ~에게 ~을 빌려주다, 제공하다

mieux : 더 잘 - bien 의 비교급

agaçant : 신경질 나게 하는

avoir besoin de qch/ qn/ inf : ~이(~하는 것이) 필요하다

les affaires : 소지품

les autres : 다른 사람들

d'ailleurs : 게다가, 더구나 (= de plus) - ailleurs 다른 곳에서

ne ~ jamais : 결코 아니다

ne ~ personne : 어느 누구도 아니다

 조금만 더

* Il est nécessaire de + 동사 원형 : ~하는 것이 필요하다 (비인칭 표현)
* moins de + 명사 : 덜한 ~ ↔ plus de + 명사 (더 많은 ~)
* avoir envie de + qch / inf : ~을 가지고(하고) 싶다
* prendre soin de + 동사 원형 : ~하는데 신경을 쓰다, 조심스럽게 ~하다
* oublier de + 동사 원형 : ~하는 것을 잊다
* Il suffit (à qn) de + inf : (~가) ~ 하는 것이면 충분하다 (비인칭 표현)

1. 직접 목적 보어 대명사와 간접 목적 보어 대명사가 같이 쓰일 경우

간접 대명사를 먼저 쓰는게 원칙이지만, 예외적으로 간접 대명사 중 lui 하고 leur 는 직접 대명사 뒤로 간다.

Il **me le** montre. – 간접 + 직접
Il **les leur** montre. – 직접 + 간접

2. 동사 원형을 부정으로 할 경우에는 부정을 나타내는 말들 (ne pas, ne rien 등)을 동사 원형 앞에 놓는다.

J'ai envie de **ne rien** faire après le dîner.
나는 저녁을 먹은 후에 아무것도 하고 싶지 않다.
Ne pas parler. 말하지 마십시오.

cf **Ne** parlez **pas.**

(동사가 변화 되었으므로 동사 앞·뒤에 ne ~ pas 를 놓는다.)

3. ne ~ personne : 어느 누구도 ~하지 않다. (pas없이 쓰임) – quelqu'un (누군가=qn) 의 부정 표현

Je n'aime le prêter à personne.
나는 그것을 어느 누구에게도 빌려주는 것을 좋아하지 않는다.
Il **n'y a personne** dans cette chambre. 그 방에는 어느 누구도 없다.
- 긍정문 : Il y a **quelqu'un** dans cette chambre. 그 방에는 누군가가 있다.

5

Un souvenir de Marie

🎵 미리 들어 보세요.

elle se souvient de son premier voyage à la ville, il y a déjà longtemps.

de nombreux passants parlaient fort et parfois même criaient.

Au centre de l'hôtel s'élevait un grand escalier en bois.

elle regardait par la fenêtre les boutiques aux mille et une lumières

au contraire, c'était un jeune maigrichon, plutôt laid mais il semblait très fort.

Marie aime se plonger dans ses souvenirs d'enfance.

Ni les concierges, ni les bruits de la grande ville ne la gênent ou ne lui font peur.

Marie se repose dans le fauteuil devant la fenêtre grande ouverte. Elle regarde sa nouvelle chambre et elle se souvient de son premier voyage à la ville, il y a déjà longtemps. Elle était encore très petite. Sa famille séjournait dans un grand hôtel.

Il se nommait l'Hôtel du Cheval Blanc. C'était un hôtel simple et confortable, mais il n'était pas vraiment calme. Il se trouvait au centre-ville et la rue était très passagère avec beaucoup de voitures et de nombreux passants parlaient fort et parfois même criaient. Dans son souvenir c'était une ville très bruyante.

Au centre de l'hôtel s'élevait un grand escalier en bois. Il y avait un va-et-vient permanent de voyageurs. Ils continuaient à entrer et à sortir.

Certains portaient de lourdes valises et prenaient l'ascenseur, d'autres montaient à pied par l'escalier. On entendait le claquement des portes de chambre. Elles se fermaient violemment.

La petite Marie avait un peu peur à cause de tout ce bruit, mais tout émerveillée qu'elle était, elle regardait par la fenêtre les boutiques aux mille et une lumières. La chambre des parents de Marie était au premier étage. Elle était grande et il y avait trois lits.

Le concierge de cet hôtel-là n'était ni vieux, ni triste, ni faible, au contraire, c'était un jeune maigrichon, plutôt laid mais il semblait très fort. Il avait les cheveux très bruns et marchait d'un pas léger, il était très vif. Il parlait beaucoup. Il n'était pas particulièrement aimable ou agréable.

Marie aime se plonger dans ses souvenirs d'enfance. Elle n'est plus une petite fille maintenant. Ni les concierges, ni les bruits de la grande ville ne la gênent ou ne lui font peur.

마리는 열려진 큰 창문 앞의 소파에서 쉬고 있다. 그녀는 자신의 새 방을 보고 있고, 이미 오래전에 그 도시에서 했던 자신의 첫 번째 여행을 회상하고 있다. 그녀는 아직은 매우 어렸었다. 그녀의 가족은 큰 호텔에서 체류하고 있었다.

그 호텔의 이름은 슈발 블랑이었다. 그것은 소박하고 안락한 호텔이었지만 정말로 조용하지는 않았었다. 그것은 도시 중심부에 있었으며, 거리에는 많은 자동차들과 함께 사람들의 통행이 매우 많은 길이었다. 수많은 행인들이 크게 말하였으며 때때로는 심지어 소리지르기 조차 했었다. 그녀의 기억으로, 그것은 매우 시끄러운 도시였었다.

그 호텔의 내부에는 나무로 된 큰 계단이 들어서 있었다. 여행객들이 끊임없이 계속 왔다 갔다 했었다. 그들은 계속하여 들어오고 나가고 있었다.

어떤 사람들은 무거운 가방들을 들고 엘리베이터를 타곤 했고, 다른 사람들은 계단으로 올라가곤 했다. 방문을 쾅쾅 닫는 소리가 들리곤 했다. 문들이 큰 소리로 닫히곤 했다.

어렸었던 마리는 모든 이 소음 때문에 약간 무서웠지만 매우 감탄해하며, 수많은 빛들이 있는 상점들을 창문을 통해서 바라보고 있었다. 마리의 부모님들 방은 2층에 있었다. 그것은 컸었고, 세 개의 침대가 있었다.

그때 그 호텔의 수위는 나이가 들지도 않았고, 슬퍼 보이지도 않았으며, 약해 보이지도 않았다. 반대로, 그는 마르고 무척 못생긴 젊은이었지만, 매우 강해보였다. 그는 매우 검은색의 머리카락을 갖고 있었고 가벼운 걸음걸이로 걷고 있었다. 그는 매우 활발했다. 그는 말이 많았다. 그는 유난히 상냥하거나 호감이 들지는 않았다.

마리의 추억

마리는 자신의 어린 시절에 대한 추억 속에 빠지기를 좋아 한다. 그녀는 지금 더 이상 어린 소녀가 아니다. 수위들도, 대도시의 소음들도 더 이상 그녀를 방해하거나 그녀에게 겁을 주지 못한다.

le souvenir : 추억, 기억력, 회상

se souvenir de ~ : ~을 회상하다, 기억하다

se nommer : ~라고 불리우다

confortable : 안락한, 쾌적한

passager, -ère : 사람들이 많이 다니는, 통행(왕래)이 잦은

le passant,e : 행인, 지나가는 사람

fort : 세게, 강하게, 강한, 힘센

parfois : 때때로, 가끔, 종종

même : 심지어, ~조차

crier : 고함치다, 외치다, 큰소리로 말하다

bruyant,e : 큰소리를 내는, 소음을 내는, 시끄러운

s'élever : (건물 등이) 들어 서있다

l'escalier (m.) : 층계, 계단

en bois : 나무로 되어있는, 목재

le va-et-vient : 왕래, 왕복

permanent : 지속적인, 끊임없는

le claquement : (철썩, 삐걱, 쾅 등의) 소리

se fermer : 닫히다 (수동적 대명동사)

violemment : 세차게, 맹렬하게, 격렬하게

avoir peur : 두려워하다, 겁내다, 걱정하다

à cause de ~ : ~ 때문에

émerveillé,e : 감탄한

mille et une : 수많은

la lumière : 빛, 햇빛

faible : 약한, 나약한

au contraire : 반대로

maigrichon, -ne : 마른, 야윈, 야윈사람

plutôt : 매우, 꽤, 차라리, 오히려

vif : 활기에 찬, 생기에 찬

particulièrement : 특히

se plonger dans ~ : ~에 잠기다, 몰두하다

ne ~ plus : 더 이상 ~이 아니다

faire peur à ~ : ~를 두렵게 하다

* il y a + 시간 : ~전에 ↔ dans + 시간 (~후에)
* sembler + 형용사 : ~인 것처럼 보이다

* toute contente qu'elle était : 그녀는 매우 만족해하며

  tout + 형용사 + que + 주어 + 동사 - 매우 ~ 해 하며

  Tout surpris qu'il est, il est sorti de chez lui.
  그는 매우 놀라워하며 집에서부터 나갔다.
  Toute ravie qu'elle était, elle a sauté en l'air.
  그녀는 매우 기뻐하며 공중으로 깡총깡총 뛰었다.

부사는 원래 변하지 않으나 tout 만은 변한다.

부사 tout 는 자음으로 시작하는 여성 형용사 앞에서만 성, 수 변화를 한다는 것에 주의를 해야 한다.

  Elle est toute contente. 그녀는 매우 만족해한다.
  - 자음으로 시작하는 여성 형용사이므로 변화한다.
  Ils sont tout contents. 그들은 매우 만족해한다.
  - 남성을 수식하므로 변화가 없다.
  Elle est tout heureuse. 그녀는 매우 행복하다.
  - 모음을 수식하므로 변화가 없다.

1. certains ~, d'autres ~ (어떤 사람들은 ~, 다른 사람들은 ~)

Il y a beaucoup de voyageurs dans cet hôtel. Certains marchent de long en large, **d'autres** sont debout.
그 호텔 안에는 많은 여행객들이 있다. 어떤 사람들은 이리저리 걸어 다니고, 다른 사람들은 서있다.

2. ne ~ ni ~ ni (~도 ~도 아니다)

Elle n'est ni belle ni laide. 그녀는 아름답지도 추하지도 않다.

주어를 부정해줄 경우에는 ni가 먼저 나온다.

Ni Marie **ni** Pierre **ne** sont contents. 마리도 삐에르도 만족해하지 않고 있다.

대명사 주어를 부정해줄 경우에는 강세형으로 써주어야 한다.

Ni **toi** ni **moi** ne **sommes** heureux. 너도 나도 행복하지 않다.
- moi 가 있으므로 주어는 Nous가 되어 동사를 1인칭 복수에 일치시킨다.
Ni **toi** ni **elle** n'**êtes** heureux. 너도 그 여자도 행복하지 않다.
- toi 가 있으므로 주어는 Vous 가 되어 동사를 2인칭 복수에 일치시킨다.

3. 반과거

반과거는 현재 **1인칭 복수**에서 어간을 따서 뒤에 다음과 같이 주어에 맞춰 반과거 어미를 붙이면 된다.

★ 반과거 어미 : -ais, -ais, -ait, -ait / -ions, -iez, -aient, -aient

Nous **av**ons → J'**av**ais, Tu avais, Il avait, Elle avait /
　　　　　　　　Nous avions, Vous aviez, Ils avaient, Elles avaient

Nous **fai**sons → Je **fai**sais, Tu faisais, Il faisait, Elle faisait /
　　　　　　　　Nous faisions, Vous faisiez, Ils faisaient, Elles faisaient

Nous **buv**ons → Je **buv**ais ~ , Nous buvions ~
Nous **étudi**ons → J'**étudi**ais ~ , Nous étudiions (i 가 두 개인 것에 주의)

단, être 동사는 예외로 J'étais ~ 로 된다는 것에 주의를 해야 한다.

★ 반과거 시제의 주요 용법

❶ 과거 사실의 묘사
Il y a quinze ans, elle **était** jolie. 15년 전에 그 여자는 예뻤었다.

❷ 과거의 습관
Tous les matins, elle se promen**ait**. 매일 아침, 그녀는 산책하곤 했다.

❸ 과거의 정해지지 않은 시간의 지속 – 과거 진행
Quand je suis entré dans sa chambre, elle jou**ait** du piano.
내가 그녀의 방으로 들어갔을 때, 그녀는 피아노를 치고 있었다.

* 회화 작문에 필요한 필수 표현 정리

1. loin de~ : ~멀리에

Mon école est loin de chez moi.
내 학교는 집에서 멀다.

2. trouver A B : A를 B라고 생각하다

Je ne trouve pas le français difficile.
나는 프랑스어가 어렵다고 생각하지 않는다.

3. en + 재료 : ~로 되어 있는

En quoi est la porte de ton studio? - Elle est en bois.
네 원룸의 문은 무엇으로 되어있니? - 나무로 되어 있어.

4. assez de~ : 충분한~

Tu as assez d'argent pour acheter l'ordinateur?
너는 컴퓨터를 살 충분한 돈을 갖고 있니?

5. peu de~ : 거의 ~이 아니다

Je dépenserai peu d'argent pour lui.
나는 그를 위해서는 거의 돈을 쓰지 않을거야.

6. aimer + inf = aimer à + inf : ~하기를 좋아하다

J'aime boire avec mes collègues. 나는 직장 동료들하고 술 마시는 것을 좋아해.

7. il reste + 명사 : ~이 남아있다 (비인칭 표현)

Il reste encore tant de problèmes à résoudre entre la Corée et le Japon.
한국과 일본 사이에는 해결해야 할 너무나 많은 문제들이 아직 남아 있다.

Leçon 6

La lettre de Marie

🔊 미리 들어 보세요.

Mme Poquelin nous attendait sur le quai.

Pierre s'est occupé des bagages, il a cherché un chariot.

et nous avons pris l'ascenseur pour monter au huitième étage

J'ai aidé Mme Poquelin à faire la vaisselle.

En plus c'est le quartier de la jeunesse.

Le prix de l'essence ne cesse d'augmenter.

mais j'étais très heureuse d'être à Paris et d'avoir parlé français

Ne vous en faites pas pour nous, tout va bien.

Hôtel des Grands Hommes
Place du Panthéon
75005 Paris 5ème

Paris, le 15 juin

Ma chère maman, mon cher papa,

Nous avons fait un très bon voyage. Quand nous avons traversé la frontière française, à sept heures précises hier matin, Pierre n'était pas encore réveillé. J'ai voyagé avec une vieille dame très agréable, et nous avons bavardé pendant toute la matinée.

A midi, quand nous sommes arrivés à la gare de l'Est, Mme Poquelin nous attendait sur le quai.

Pierre s'est occupé des bagages, il a cherché un chariot, puis nous sommes sortis de la gare pour prendre un taxi. Le taxi nous a arrêtés devant une maison moderne près du bois de Vincennes, et nous avons pris l'ascenseur pour monter au huitième étage.

Quand nous sommes entrés dans l'appartement, M. Poquelin fumait sa pipe. Il nous a serré la main, puis nous sommes allés dans la salle à manger. Nous avons déjeuné avec plaisir, car nous avions faim.

Le repas était délicieux. Il faisait beau et le soleil entrait par la fenêtre ouverte.

Après le café, M. Poquelin est retourné à son usine car il avait beaucoup de travail. J'ai aidé Mme Poquelin à faire la vaisselle et pendant ce temps, Pierre a étudié le plan de Paris. Il a cherché la gare de l'Est, le bois de Vincennes, la Seine et le Panthéon.

Ensuite, Mme Poquelin a téléphoné pour appeler un taxi. Nous avons donné le nom de notre hôtel au chauffeur. Il a commencé à nous parler.

– C'est un très bon petit hôtel. Vous verrez, vous y serez bien.
En plus c'est le quartier de la jeunesse.

Et il a continué sur son travail et sur les monuments incontournables de Paris, etc.. Enfin, il nous a dit :

- Le prix de l'essence ne cesse d'augmenter. C'est très difficile.

Quand le taxi s'est arrêté devant notre hôtel, j'étais un peu fatiguée, mais j'étais très heureuse d'être à Paris et d'avoir parlé français.

Ne vous en faites pas pour nous, tout va bien.

Bises.

Marie.

제 6과

그랑좀 호텔
빵떼옹 광장
75005 빠리 5구

빠리, 6월 15일

사랑하는 부모님,

우리는 매우 즐거운 여행을 했습니다. 우리가 어제 아침 정각 7시에 프랑스 국경을 가로질러 지나갔었을 때, 삐에르는 아직 깨어나지 않고 있었습니다. 저는 매우 상냥한 노부인과 함께 여행했었고, 우리는 오전 내내 말을 많이 하였습니다.

정오에 우리가 빠리 동부역에 도착했을 때, 뽀끌랭 부인이 플랫폼 위에서 우리를 기다리고 있었습니다.

삐에르는 짐들을 챙겼고, 짐수레를 찾은 후, 이어서 우리는 택시를 잡기위하여 역에서 부터 나왔습니다. 택시가 우리를 뱅쎈 숲 근처의 현대식 건물 앞에다 내려주었습니다. 우리는 9층으로 올라가기 위하여 엘리베이터를 탔습니다.

우리가 아파트 안으로 들어갔었을 때, 뽀끌랭씨는 파이프 담배를 피우고 있었습니다. 그는 우리에게 악수를 했고, 우리는 식당으로 갔습니다. 우리는 배가 고팠었기 때문에, 즐겁게 점심 식사를 했습니다.

식사는 훌륭했습니다. 날씨는 좋았고, 햇빛이 열려진 창문을 통하여 들어오고 있었습니다.

커피 후에 뽀끌랭씨는 일이 많았기 때문에 자신의 공장으로 돌아갔습니다. 저는 뽀끌랭 부인이 설거지하는 것을 도와주었고, 그러는 동안에 삐에르는 빠리 안내도를 공부했습니다. 그는 동부역, 뱅쎈 숲, 쎄느 강과 빵떼옹을 찾았습니다.

이어서, 뽀끌랭 부인이 택시를 부르기 위하여 전화했습니다. 우리는 호텔 이름을 택시 기사에게 알려주었습니다. 그는 우리에게 말하기 시작했습니다.

- 그것은 매우 좋은 작은 호텔이죠. 여러분도 아시게 되겠지만, 그곳에서 편하게 지내시게 될 것입니다. 게다가, 그곳은 젊음의 구역이랍니다.

그리고 그는 자신의 일과, 빠리에서 반드시 방문해야만할 기념물 등에 대해서 계속 이야기했습니다. 그리고는 마지막으로, 다음과 같이 우리에게 말했습니다 :

- 휘발유 가격이 끊임없이 오르고 있어요. 그래서 매우 어렵답니다.

택시가 우리의 호텔 앞에 멈췄을 때 저는 약간 피곤했지만, 빠리에 있다는 것과 프랑스어를 말했다는 것이 매우 행복했습니다.

저희들에 대해서는 아무 걱정 마세요. 모든 것이 잘되고 있습니다.

안녕히 계세요.

마리.

à sept heures précises : 정각 7시에

bavarder : 잡담하다, 수다 떨다

pendant : ~동안

toute la matinée : 오전 내내

la gare : (기차의) 정거장, 역 - la station (지하철의) 역

l'est/ l'ouest/ le sud/ le nord: 동, 서, 남, 북 (방위를 나타내는 명사는 모두 남성)

le quai : 강변, 둑길, (철도역의) 플랫폼, 부두

s'occuper de~ : ~을 챙기다, ~에 종사하다, 걱정하다

le bagage: 짐, 가방

le chariot : 짐수레, 운반차, 카트

le bois : 숲, 나무

près de : ~의 가까이에, 근처에

serrer : 꽉 쥐다, 잡다

avec plaisir : 기쁘게, 즐겁게, 기꺼이

car : 왜냐하면 ~이기 때문이다

avoir faim : 배고프다 - avoir soif 목이 마르다

le repas : 식사, 식사시간

délicieux : 맛있는

retourner : 되돌아가다

aider qn à inf : ~가 ~ 하는 것을 돕다

faire la vaisselle : 설거지 하다

ensuite : 그리고 나서, 곧이어, 뒤이어

le chauffeur : (영업용) 기사, 운전수 - l'automobiliste (자가용) 기사, 운전수

en plus : 게다가, 덤으로

la jeunesse : 젊음, 청춘

incontournable : 거론할 수 밖에 없는, 불가피한

le prix : 가격

l'essence (f.) : 휘발유, 기름, 본질

augmenter : 증가하다. 늘다

s'en faire : 근심하다, 염려하다. 신경쓰다

aller bien : 잘 지내다

* cesser de + inf : ~하기를 멈다, 그치다 (pas 없이 ne 만으로도 부정이 되는 동사)
* la bise : 뽀뽀 (Bises 편지에서는 끝맺음 말로 '안녕' 이란 뜻으로 많이 쓰인다.)

빠리 오페라 광장

핵심 콕 머리 쏙

1. 복합 과거

과거의 **다른 행동**이 **연속적**으로 일어날 경우에 복합 과거를 쓰면 된다.

Je **me suis levé** à 7 heures, puis j'**ai fait** ma toilette. J'**ai pris** le petit déjeuner, et je **suis sorti** de chez moi.
나는 일곱시에 일어나서, 세수를 했다. 아침 식사를 하고는 집에서 부터 나왔다.
- pris : prendre 먹다, sorti : sortir 나가다

2. 신체의 일부분을 나타내는 단어 앞에는 소유 형용사를 못쓰고, 그 신체 소유자를 간접 목적 보어로 한다.

Elle **se** lave les mains. 그녀는 자신의 손을 씻고 있다.
Il **nous** a serré la main. 그는 우리의 손을 잡았다.
Elle **m'**a serré la main. 그녀가 나의 손을 잡았다.
Je **lui** ai pris le bras. 나는 그의(그녀의) 팔을 잡았다.

3. Quand + 복합 과거, 반과거

quand 절에 복합 과거를 쓰고, 주절에 반과거를 쓸 경우에는 보통 그 반과거는 과거의 **정해지지 않은 시간의 지속**을 나타낸다.

Quand le taxi s'est arrêté, j'étais un peu fatiguée.
택시가 멈추었을 때, 나는 약간 피곤했다.

위에서 택시가 멈춘 시간은 정확하며, 피곤한 것은 언제부터인지 모르지만 과거부터 계속 피곤함을 느꼈으며, 택시가 멈춘 후에도 계속 피곤하므로 반과거의 시제로 해주어야만 한다.

즉, 반과거는 복합과거의 이전 시제와, 복합과거의 후 시제란 시제적 의미를 갖게 되는 것이다. 반과거는 대과거까지는 미치지 못하고 현재에도 미치지 못하는 그 사이의 시제적 공간의 개념을 갖는다.

4. 감탄사 Que

문두에 **Que (= Comme, Qu'est-ce que)**를 붙이면 감탄문이 된다.

Qu'elle est belle! 그녀는 얼마나 아름다운지! (= Elle est très belle.)
Qu'est-ce que tu es jolie! 네가 얼마나 예쁜지!

5. mourir 죽다

과거 분사는 mort 이며, 조동사는 être를 취한다.

Elle est morte il y a deux ans. 그녀는 2년 전에 죽었다.

6. 현재 분사는 1인칭 복수에서 어간을 따고, 현재 분사 어미 -ant 를 붙여 만들며, 주어에 따르는 인칭 변화없이 전 인칭에 공통적으로 다 쓸 수 있다.

boire (마시다) - nous **buv**ons - buv**ant**
aller (가다) - nous **all**ons - all**ant**

다음은 현재 분사 불규칙 형들이다.

avoir - **ayant,**
être - **étant,**
savoir - **sachant**

* 회화 작문에 필요한 필수 표현 정리

1. il reste à + inf : ~할 것이 남아 있다

Il reste encore à étudier 5 leçons.
아직 공부할 것이 다섯 과가 남아 있다.

2. rester + 형용사 : ~한 채로 있다

Elle reste tranquille. 그녀는 조용한채로 있다.

3. rester + 장소 : ~에 남아 있다, ~에 머무르다

Elle reste à la maison.
그녀는 집에 머물러 있다.

4. à la fin : 결국

A la fin, elle est morte.
결국 그녀는 죽었다.

5. à la fin de~ : ~의 끝에 가서는

Le héros s'est suicidé à la fin de ce roman.
이 소설의 끝에 가서는 주인공이 자살했다.

6. par + 무관사 명사 : ~당 (분배의 뜻)

Ces jours-ci, je travaille 10 heures par jour.
요즘 나는 하루에 10시간 씩 일하고 있어.

7. demander à qn de + inf : ~에게 ~할 것을 요구하다

Elle me demande toujours de faire la vaisselle.
그녀는 나에게 항상 설거지하라고 요구한다.

Boulevard Saint-Michel

Des femmes et des hommes s'y reposaient en regardant la foule passer.

M. Poquelin a fait signe au garçon de café et lui a commandé plusieurs boissons.

Le serveur leur a apporté quatre grands verres ainsi que plusieurs petites bouteilles.

Marie a trouvé le jus d'orange très bon alors que Pierre n'a pas apprécié du tout sa bière.

M. Poquelin a tendu un billet de vingt euros.

Gardez la monnaie, c'est votre pourboire.

et ils ont continué leur première promenade nocturne dans les rues de Paris

Leçon 7

Quand M. et Mme Poquelin sont arrivés en voiture vers neuf heures du soir à l'hôtel des Grands Hommes, Marie et Pierre étaient déjà prêts.

- Marchons un peu, a proposé M. Poquelin.

Sur les trottoirs du boulevard Saint-Michel, il y avait beaucoup de monde, des gens d'origine très différente.

Marie et Pierre ne disaient rien, mais ils regardaient avec attention. Tout était nouveau pour eux. Ils s'arrêtaient devant presque tous les cafés. De nombreuses petites tables et chaises de couleurs gaies étaient disposées sur les terrasses. Des femmes et des hommes s'y reposaient en regardant la foule passer.

- Il fait chaud. Arrêtons-nous à la terrasse de ce café. Vous n'avez pas soif? a demandé M. Poquelin.

- Oh si. C'est une bonne idée, car moi j'ai très soif, a répondu Mme Poquelin.

M. Poquelin a fait signe au garçon de café et lui a commandé plusieurs boissons.

Le serveur leur a apporté quatre grands verres ainsi que plusieurs petites bouteilles. Mme Poquelin et Marie ont pris des jus de fruits. M. Poquelin et Pierre ont pris chacun une bière. Marie a trouvé le jus d'orange très bon alors que Pierre n'a pas du tout apprécié sa bière. Par politesse il n'en a rien dit.

Puis M. Poquelin a demandé au garçon.

– Je vous dois combien, s'il vous plaît?

– Un jus de pomme, un jus d'orange, deux bières, cela fait dix-huit euros, monsieur.

M. Poquelin a tendu un billet de vingt euros et lui a dit :

- Gardez la monnaie, c'est votre pourboire.

Le serveur semblait satisfait et a remercié M. Poquelin. Il leur a souhaité une bonne soirée.

Les quatre amis se sont levés, Marie et Pierre ont remercié M. Poquelin pour ce rafraîchissement, et ils ont continué leur première promenade nocturne dans les rues de Paris, jusqu'aux quais de la Seine.

뽀끌랭 부부가 그랑좀 호텔에 저녁 9시 경 자동차로 도착했을 때, 마리와 삐에르는 이미 준비가 되어 있었다.

- 조금 걸읍시다, 라고 뽀끌랭씨가 제안했다.

쌩-미셸 대로의 보도위에는 많은 사람들, 매우 다른 국적의 사람들이 있었다.

마리와 삐에르는 아무 말도 하지 않고 있었지만, 주의 깊게 바라보고 있었다. 모든 것이 그들에게는 새로웠다. 그들은 거의 모든 카페들 앞에서 멈춰서곤 했다. 수많은 작은 테이블들과 밝은 색깔의 의자들이 테라스 위에 놓여져 있었다. 남자들과 여자들은 사람들이 지나가는 것을 바라보면서 그곳에서 쉬고 있었다.

- 더워. 이 카페의 테라스에서 멈춥시다. 당신들은 목이 마르지 않으세요? 라고 뽀끌랭씨가 물어보았다.

- 오, 목이 마릅니다. 좋은 생각입니다. 왜냐하면 제가 목이 마르기 때문입니다, 라고 뽀끌랭 부인이 대답했다.

뽀끌랭씨는 까페 종업원에게 손짓을 하더니 그에게 몇가지 음료들을 주문했다.

종업원은 몇 개의 작은 병들과 같이 네 개의 큰 잔들을 가져왔다. 뽀끌랭 부인과 마리는 과일 주스를 마셨다. 뽀끌랭씨와 삐에르는 각자 맥주를 마셨다. 마리는 오렌지 주스가 매우 맛있다고 생각했다. 반면에 삐에르는 자신의 맥주를 맛있다고 전혀 평가하지 않았다. 예의상, 그는 그것에 대해 말하지 않았다.

이어서, 뽀끌랭씨가 종업원에게 물어 보았다.

- 얼마 드려야 하지요?

- 사과 주스 하나, 오렌지 주스 하나, 맥주 두병, 다해서 18유로입니다, 선생님.

쌩-미셸 대로

뽀끌랭씨는 20유로짜리 지폐 한 장을 내밀고는 그에게 말했다 :

– 잔돈은 가지세요. 팁입니다.

종업원은 만족해 보였고, 뽀끌랭씨에게 감사해 했다. 그는 그들에게 즐거운 저녁 시간을 보내기를 바란다고 말했다.

네 명의 친구들은 일어났고, 마리와 삐에르는 뽀끌랭씨에게 음료수를 사준 것에 대해 감사해 했다. 그리고 그들은 쎄느 강변까지, 빠리의 거리들에서 그들의 첫번째 저녁 산책을 계속했다.

알고가요

le boulevard : 대로, 큰 길

en voiture : 자동차로, 자가용으로 (= en bagnole)

être prêt,e : 준비되어 있다

un peu : 약간 - peu 거의 아니다

proposer : 제안하다, 권하다

le trottoir : 보도, 인도

beaucoup de monde : 많은 사람들

~ d'origine : ~ 나라 출신의, 원산지의

presque : 거의

gai,e : 밝은, 즐거운

disposé : 배열된, 배치된

se reposer : 쉬다, 휴식을 취하다

la foule : 군중, 사람들

avoir soif : 목이 마르다 - avoir faim 배고프다

répondre : 대답하다 - 과거 분사는 répondu

faire signe à ~ : ~에게 손짓하다

commander : 명령하다, 지시하다, 주문하다

plusieurs : 몇 몇의

la boisson : 음료, 술, 마실 것

le serveur, la serveuse : (까페, 레스토랑 등) 종업원

apporter : 가져오다, 지참하다, 운반하다

le verre : 잔

ainsi que ~ : 그리고 또, 및, ~와 같이

la bouteille : (술, 음료수)병

le jus : 쥬스 - le jus d'orange 오렌지 쥬스

chacun : 각각, 각자

la bière : 맥주

alors que ~ : ~인데, ~할 때에

apprécier : 높이 평가하다, (요리, 술 등을) 맛보다, 즐기다

par politesse : 예의상

devoir : (뒤에 inf가 오면) ~해야 한다, (뒤에 inf가 안오면) 빚지다

Je vous dois combien? - 얼마를 드려야 하죠?, 얼마입니까?

Cela fait + 가격 : ~얼마입니다

tendre : 내밀다, 내놓다

le billet : 지폐

garder : 보관하다, 보존하다. 남겨두다

le pourboire : 팁

satisfait,e : 만족한

remercier : (~에게) 감사하다 - 항상 직접 목적 보어를 취한다.

souhaiter : 바라다, 소망하다, 원하다

se lever : 일어서다, 일어나다.

le rafraîchissement : 시원한 음료수, 음료

nocturne : 밤의, 야간의 (nuit 의 형용사 형)

le quai de la Seine : 세느 강변, 세느 강둑

 조금만 더

* vers + 시간 : ~경 / vers + 장소 - ~쪽으로, ~을 향해
* la monnaie : 잔돈
  - Gardez la monnaie. 잔돈은 가지세요. (= C'est juste.)
* sembler + 형용사 : ~처럼 보이다

1. 부정에 대한 긍정의 대답 : si

N'avez-vous pas faim? 당신은 배고프지 않은가요?
Si, j'ai faim. 아니오, 나는 배고픕니다.

Avez-vous faim? 당신은 배고픈가요?
Oui, j'ai faim. 예, 나는 배고픕니다.

2. 중성 대명사 : le

중성 대명사 le는 앞 문장 전체를 받는다.

Il n'aime pas la bière. Il ne **le** dit pas.
그는 프랑스 맥주를 좋아하지 않는다. 그는 그것을 말하지 않고 있다.
- le는 앞 문장 전체를 받고 있다.

중성 대명사 le는 **주어 속사**를 받는다.

Etes-vous **contente**? 당신은 만족하십니까?
Oui, je **le** suis. 예. 나는 그렇습니다.

중성 대명사는 **성과 수가 없기 때문에** 항상 le의 형태로 쓰인다.

Sont-elles **riches**? 그녀들은 부자입니까?
Non, elles ne **le** sont pas. 아니오, 그녀들은 그렇지 않습니다.

3. remercier (~에게 감사하다)는 직접 목적 보어를 취하면서 해석은 간접 목적 보어(~에게)를 해석하듯이 한다.

Je **l'**ai remerci**é**. 나는 그에게 감사했다.

Je l'ai remerci**ée**. 나는 그녀에게 감사했다.

J'ai remercié Marie de **m'**aider.

나는 마리에게 나를 도와준 것에 대해 감사했다.

- remercier qn + de inf : ~에게 ~에 대해서 감사하다

* 회화 작문에 필요한 필수 표현 정리

1. toute la journée = dans la journée : 하루종일

Toute la journée, il y a beaucoup de monde dans ce magasin.
하루종일 이 상점안에는 많은 사람들이 있어.

2. le soir = chaque soir = tous les soirs : 매일 저녁

Tous les soirs, j'étudie le français avec mon petit ami à l'Institut SHIN JS.
매일 저녁 나는 남자 친구와 함께 신중성어학원에서 프랑스어를 공부해.

3. ce matin : 오늘 아침

Ce matin, il y a beaucoup de gens dans cette rue. Qu'est-ce qui se passe?
오늘 아침 이 길에 많은 사람들이 있어. 무슨일이 있나?

4. ce soir : 오늘 저녁

Ce soir j'ai rendez-vous avec lui.
오늘 저녁에 나는 그하고 약속이 있어.

5. cet après-midi : 오늘 오후

Cet après-midi, qu'est-ce que tu vas faire?
오늘 오후 너 뭐할거니?

6. cette année : 올해

Cette année, j'ai bien étudié le français à l'Institut SHIN JS.
올해 나는 신중성어학원에서 프랑스어를 정말이지 열심히 공부했어.

7. Personne ne + 동사 : 어느 누구도 ~하지 않다

Personne n'est arrivé encore à l'endroit.
어느 누구도 아직 그 장소에 도착하지 않았다.

Leçon 8

Une conversation

🎵 미리 들어 보세요.

Ils fréquentent le quartier latin.

On ne dit pas des boutiques de livres, Marie, mais on dit des librairies.

elles ne manquent pas non plus

Beaucoup de boutiques n'ouvrent pas le lundi et le dimanche.

je suis descendue voir si tu n'étais pas dans la rue

mais tu n'y étais pas non plus

ça m'évitera de te chercher inutilement

Je le veux toujours, mais je n'y arrive pas.

En regardant les vitrines illuminées, Pierre a dit:

- Il y a beaucoup de boutiques sur ce boulevard, n'est-ce pas?

Mme Poquelin lui a répondu:

- Oui, Pierre, bien sûr. Il y a aussi beaucoup d'étudiants. Ils fréquentent le quartier latin. Les commerçants leur vendent des livres et des vêtements. C'est un quartier très dynamique.

Alors Marie a dit:

- C'est très gai, tous ces étalages et toutes ces boutiques de robes, de T-shirts, de jeans, de chaussures, de sacs, et tous ces cafés aussi. Mais je pensais ne trouver ici que des boutiques de livres.

Mme Poquelin lui a dit:

- On ne dit pas des boutiques de livres, Marie, mais on dit des librairies. Regardez ici et là, elles ne manquent pas non plus. Les étudiants s'amusent, mais ils travaillent aussi.

- Hier, cette boutique était fermée.

- Oui, c'était lundi. Beaucoup de boutiques n'ouvrent pas le lundi et le dimanche. Bon nombre de commerçants se reposent.

Pierre a dit:

- A côté du boulevard Saint-Michel, il y a beaucoup de très vieilles petites rues. Hier matin je m'y suis perdu.

Marie lui a répondu:

- Oui, et tu as aussi perdu ton stylo… Hier, quand tu t'es perdu, j'étais inquiète. Je t'ai attendu tout un moment. Comme tu ne venais pas, je me suis habillée et je suis descendue voir si tu n'étais pas dans la rue. J'ai regardé sur la place du Panthéon mais tu n'y étais pas non plus. Je me suis vraiment fait du souci pour toi. La prochaine fois, tu me préviendras avant de partir, ça m'évitera de te chercher inutilement.

M. Poquelin a dit avec un sourire :

- Vous ne lui avez pas défendu de se promener sans vous, j'imagine.

Marie a répondu :

- Oh non, Pierre aime trop sa liberté. Je le veux toujours, mais je n'y arrive pas.

빛나는 진열창들을 바라보면서, 삐에르가 말했다:

– 이 대로에는 많은 상점들이 있군요, 그렇죠?

뽀끌랭 부인이 그에게 대답했다:

– 예, 삐에르, 물론입니다. 역시 많은 학생들이 있죠. 그들은 라땡 구역을 자주 방문합니다. 상인들은 그들에게 책들과 옷들을 팝니다. 이곳은 매우 활기에 차있는 동네입니다.

그때 마리가 말했다 :

– 이곳은 매우 활기차 보입니다. 모든 이 진열대들 그리고 모든 이 옷, 티셔츠, 청바지, 신발, 가방 가게들과 모든 이 카페들 역시. 그러나 저는 이곳에서 책 가게들 만을 발견할거라 생각했었습니다.

뽀끌랭 부인이 그녀에게 말했다:

– 책 가게들이라고 말하는 게 아니랍니다, 마리. 서점이라고 하죠. 이쪽하고 저쪽을 보세요. 서점들 역시 부족하지 않답니다. 학생들은 놀때는 놀더라도 공부 역시 합니다.

– 어제 이 가게는 문이 닫혀 있었어요.

– 예, 월요일이었죠. 많은 상점들은 월요일과 일요일에 문을 열지 않습니다. 대다수의 상인들이 휴식을 취하죠.

삐에르가 말했다:

– 쌩미셸 대로 옆에는 매우 오래된 조그만 길들이 많이 있습니다. 어제 아침에 제가 그 곳에서 길을 잃었습니다.

마리가 그에게 답했다.

– 그래, 오빠는 만년필 역시 잃어버렸어. 어제, 오빠가 길을 잃었을 때, 나는 걱정을 했었지. 나는 오빠를 계속 기다렸었어. 오빠가 오지 않아서 나는 옷을 차려입고 오빠가 길에 없는지 보러 내려갔었지. 빵떼옹 광장을 바라보았지만, 그곳에도 역시 없었어. 나는 정말 오빠에 대해서 걱정을 했어. 다음에는 떠나기 전에 나에게 미리 알려줘. 오빠를 쓸데없이 찾으러 가는 것은 피할 수 있을거야.

뽀끌랭씨가 미소를 띠며 말했다:

– 제 생각에, 당신이 그에게 당신 없이 산책하는 것을 막지 못했군요.

마리가 대답했다:

– 오, 못해요. 삐에르는 자유로운 것을 너무 좋아하거든요. 나도 항상 그렇게 하고 싶은데 그게 안 되더라고요.

la vitrine : 진열창, 쇼윈도우

illuminé : 환한, 빛나는

fréquenter : 빈번히 방문하다, 자주 찾다

le commerçant : 상인

vendre : 팔다, 판매하다.

dynamique : 활기에 찬, 활동적인

l'étalage (m.) : 진열대 - l'étalagiste 디스플레이어

la librairie : 서점 - le libraire 서점주인

manquer : 부족하다, 모자라다

non plus : 역시 아니다 - aussi 의 부정형

s'amuser : 즐기다

ouvrir : 열다, 개점하다

à côté de : ~의 바로 옆에, 곁에

se perdre : 길을 잃다 - perdre (물건, 사람을) 잃어버리다, 잃다

inquiet, inquiète : 초조한, 불안한, 근심스러운

tout un moment : 매 순간, 쭉

comme : ~이기 때문에, ~할 때, ~처럼, ~로서

s'habiller : 옷을 입다

voir si ~ : ~인지 아닌지 보다

se faire du souci pour ~ : ~에 대하여 걱정하다

la prochaine fois : 다음번에는, 차후

prévenir : 미리 알리다, 경고하다, 앞서다, 예방하다

inutilement : 쓸데없이, 불필요하게

 조금만 더

* bon nombre de + 명사 : 수많은
* avant de + inf : ~하기 전에
* éviter qn de + inf : ~가 ~하는 것을 피하게 하다
* défendre à qn de + inf : ~가 ... 하는 것을 금하다
* y arriver : ~ (그렇게) 하는 것에 이르다
  - Je n'y arrive pas. 나는 그렇게 못한다.

핵심 콕 머리 쏙

1. 중성 대명사 le

Les boutiques ne sont pas **ouvertes** le lundi.
상점들은 월요일마다 열지 않는다.
Elles ne **le** sont pas le dimanche non plus.
그것들은 일요일에도 역시 그렇게 하지 않는다.

위에서 중성 대명사 **le**는 속사 **ouvertes** (여성복수)를 받고 있다. 이처럼 중성 대명사는 앞 과에서도 설명했다시피 남, 여성 복수에 관계없이 항상 le로 받아야 된다.

2. se perdre 길을 잃어버리다, 어리둥절해지다. / perdre (물건을) 잃어버리다.

Elle **s'est perdue** dans le parc. 그녀는 공원에서 길을 잃었다.
Elle **a perdu** son stylo. 그녀는 만년필을 잃어 버렸다.

3. aussi 의 부정 표현은 non plus 이다.

Les boutiques sont **aussi** ouvertes le mardi.
그 상점들은 화요일 마다 문을 연다.
Les boutiques **ne** sont **pas** ouvertes le mardi **non plus.**
그 상점들은 화요일 마다 역시 문을 열지 않는다.

4. défendre à qn de + inf : ~가 ~하는 것을 금하다.

Je défends à Marie de se promener sans moi.
나는 마리에게 나 없이 산책하는 것을 금하고 있다.
= Je **lui défends de** se promener sans moi.

5. 중성 대명사 y :

중성 대명사 y는 장소를 나타내는 말이며 "à + 명사 (또는 동사 원형)"를 받기도 한다.

Je vais à l'école. 나는 학교에 간다. = **J'y vais.** 나는 그곳에 간다.

Je pense à mon enfance. 나는 나의 어린 시절을 생각한다.

= **J'y pense.** 나는 그것을 생각한다.

Leçon 9

Au cœur de Paris

🎵 미리 들어 보세요.

Il faisait nuit, les rues étaient sombres.

La Seine va de l'est à l'ouest alors que la rue Saint-Jacques, elle, va du nord au sud.

Les Parisiens d'autrefois s'en allaient soit par ce fleuve, soit par cette route.

Ici, il y a plus de deux mille ans, Paris est né.

Est-ce que les rois de France sont enterrés à Notre-dame?

Comment est-ce qu'on a pu enterrer les rois de France au milieu des usines?

Elle, au moins, elle profite du silence.

L'amour s'en va comme cette eau courante.

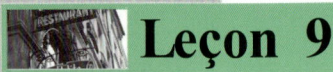

Les quatre amis ont marché jusqu'à la Seine. Il faisait nuit, les rues étaient sombres, la Seine était d'un noir limpide, mais la cathédrale Notre-Dame de Paris était éclairée. Il n'y avait personne, tout était silencieux.

Alors M. Poquelin a commencé à leur expliquer.

– Vous voyez cette rue, c'est la rue Saint-Jacques, elle croise la Seine juste devant la cathédrale. La Seine va de l'est à l'ouest alors que la rue Saint-Jacques, elle, va du nord au sud. Les Parisiens d'autrefois, quand ils voyageaient, s'en allaient soit par ce fleuve, soit par cette route. Nous sommes ici au cœur de Paris, dans l'île de la Cité. Ici, il y a plus de deux mille ans, Paris est né. Les premiers rois de France avaient leur palais dans cette île. Il n'y a plus de rois en France, mais tout ici parle du passé.

Mme Poquelin a continué en disant :

– Demain, vous visiterez la cathédrale et vous monterez dans les tours. La vue y est très belle. Quand il fait beau, on voit tous les monuments de la ville et tous les ponts de la Seine.

Curieux, Pierre a demandé :

– Est-ce que les rois de France sont enterrés à Notre-dame?

– Non, ils sont enterrés à Saint-Denis, près de Paris.

– Mais pourquoi ne sont-ils pas enterrés à Notre-Dame? Est-ce que nous verrons Saint-Denis? Est-ce que c'est loin? Oh! Mais je connais cette ville, je l'ai vue quand je regardais par la fenêtre du train, juste avant d'arriver à Paris. C'est une ville de banlieue. C'est au nord de Paris, n'est-ce pas? N'y a-t-il pas beaucoup d'usines? Mais comment est-ce possible? Comment est-ce qu'on a pu enterrer les rois de France au milieu des usines?

- Que de questions, Pierre! Faites donc comme Marie. Elle, au moins, elle profite du silence.

Marie ne parlait pas car elle pensait à un fort triste poème, un poème d'amour.

Sous le pont Mirabeau coule la Seine

Et nos amours…

L'amour s'en va comme cette eau courante

L'amour s'en va.

제 9과

네 명의 친구들은 쎄느 강까지 걸어갔다. 밤이 되었고, 길들은 어두웠다. 쎄는 강은 말간 검은색이었으나 빠리의 노트르담 성당은 밝게 빛나고 있었다. 어느 누구도 없었고, 모든 것이 조용했다.

그때 뽀끌랭 씨가 그들에게 설명하기 시작했다.

- 여러 분들이 보고 있는 이 길은 쌩작끄 거리입니다. 그길은 성당 바로 앞에서 교차하고 있습니다. 쎄느 강은 동에서 서로 흐르지만, 쌩작끄 거리는 북에서 남으로 길이 나있습니다. 옛날의 빠리 시민들은 여행을 다닐 때 이 강이나 이 길을 통해서 다니곤 했었습니다. 우리는 지금 여기 빠리의 중심부인 씨떼 섬에 있습니다. 이곳에서 2천년 이상 전에 빠리가 태어났습니다. 프랑스 초기의 왕들은 이 섬 안에 그들의 궁전을 가지고 있었습니다. 프랑스에는 지금 왕들이 더이상 없지만 이곳에 모든 것이 과거에 대해서 말해주고 있습니다.

뽀글랭 부인이 계속해서 다음과 같이 말했다:

- 내일, 여러분들은 이 성당을 방문해서 그 탑들 위로 올라가 보세요. 그곳에서의 전망은 매우 아름답습니다. 날씨가 좋을 때면, 이 도시의 모든 기념물들과 쎄느 강에 있는 모든 다리들이 보인답니다.

호기심이 많은 삐에르가 물어 보았다:

- 프랑스의 왕들은 노트르담 성당에 묻혀 있나요?

- 아닙니다. 빠리 근처의 쌩드니에 묻혀 있습니다.

– 그런데 왜 그들을 노트르담 성당에 묻지 않았나요? 우리는 쌩드니를 방문할건 가요? 머나요? 오! 그런데 저는 그 도시를 알아요. 제가 빠리에 도착하기 바로 직전에 열차의 창문을 통하여 바라보고 있었을 때 그 도시를 봤어요. 교외에 있는 도시에요. 빠리 북쪽에 있지 않나요? 많은 공장들이 없나요? 어떻게 그럴 수가 있죠? 어떻게 프랑스의 왕들을 공장들 한가운데에 매장할 수 있었나요?

– 참 질문이 많군요, 삐에르. 마리처럼 해보세요. 그녀는 적어도 이 조용함을 만끽하고 있어요.

마리는 말하지 않고 있었다. 왜냐하면 그녀는 매우 슬픈 시 한편, 사랑의 시 한편을 생각하고 있었기 때문이다.

> 미라보 다리 아래로 쎄느강이 흐른다
> 그리고 우리의 사랑도……
>
> 사랑은 이 흐르는 물처럼 가버린다
> 사랑이 가버린다

au cœur de ~ : ~의 중심부에서(= au milieu de ~ = au centre de ~)

jusqu'à ~ : ~까지

Il fait nuit. : 밤이 되다 ↔ Il fait jour. 날이 새다

limpide : 맑은, 투명한

sombre : 어두운

éclairé : 환한, 빛이 있는, 밝은

croiser : 교차하다

juste : 바로, 정확하게

du nord au sud : 북에서 남으로 - de l'est à l'ouest : 동에서 서로

autrefois : 옛날에

s'en aller : 가버리다, 가다

soit ~, soit ~ : ~이건, ~이건

le fleuve : 강 (= la rivière)

plus de ~ : ~이상 - ~de plus 더

le palais : 궁전

ne ~ plus : 더 이상 ~이 아니다

la tour : 탑

la vue : 전망

le pont : 다리

curieux, curieuse : 호기심이 많은

enterrer : 매장하다

la banlieue : 교외

au moins : 적어도

donc : 명령법이나 감탄문에 쓰이면 강조를 나타낸다.

profiter de ~ : ~을 이용하다

fort : (부사) 매우, (형용사) 강한

le poème : 시

fort : 매우(형용사나 부사 앞에 쓰일 때), 강한

l'amour (m.) : 사랑

couler : 흐르다

courant,e : 흐르는, 흘러가는

 조금만 더

commencer à + inf : ~하기 시작하다 ↔ finir de + inf : ~하기를 끝내다

avant de + inf : ~하기 전에

1. s'en aller (가버리다, 떠나가다) – aller 하고 다른 점은 어떤 사람이 나 장소를 떠난다는 의미가 강하다.

★ 현재 변화

Je m'en vais	Nous nous en allons
Tu t'en vas	Vous vous en allez
Il s'en va	Ils s'en vont
Elle s'en va	Elles s'en vont

★ 명령법

Allons-nous-en. 갑시다.
Allez-vous-en. 가세요.
Va-t'en. 가.

2. naître

과거 분사는 **né**로서 복합 시제에서 조동사 **être**를 취한다.

복합 과거 변화

Elle **est née** en 1993. 그녀는 1993년에 태어났다.
- 연도 앞에는 전치사 en을 쓴다.

3. Que de + 무관사 명사 : 얼마나 많은~ (감탄의 의미를 갖는다.)

Que de rues! 참 길도 많구나!
Que de monde! 참 사람도 많구나!

* 회화 작문에 필요한 필수 표현 정리

1. 주어 + ne + 동사 + personne : 어느 누구도 ~하지 않다

Il y a quelqu'un?..... Il n'y a personne.
누구 없나요?.... 아무도 없네.

2. ne ~ pas du tout : 전혀 아니다

Vous aimez danser? - Non, je n'aime pas du tout danser.
춤추는거 좋아하세요? - 아니요, 전혀 아닙니다.
(실제 회화에서는 간단히 Pas du tout. 라 말한다.

3. Combien de + 수, 양 : 얼마나 많은 ~

Combien de temps faut-il pour y aller en bus?
거기 가는데 버스로 시간이 얼마나 걸리죠?

Combien de kilos de farine?
몇 킬로짜리 밀가루죠?

4. à la sortie de~ : ~에서 나오면서

A la sortie du métro, j'ai rencontré mon propriétaire.
지하철에서 나오면서 나는 집주인을 만났어.

5. ne ~ plus : 더 이상 ~ 이 아니다

Je ne peux plus y habiter.
저는 더 이상 그곳에서 살 수 없습니다.

6. Après + 부정법 과거 (원형 과거) : ~한 후에

Après avoir terminé mes devoirs, je vais y aller.
숙제를 끝낸 후, 그곳에 갈께.

Leçon 10

Marie pense à Paris

🎵 미리 들어 보세요.

puis elle a fait sa toilette et s'est étendue sur son lit

Par les volets ouverts, la lune éclairait sa chambre.

Plus nous nous approchions du fleuve,

plus nous pouvions entendre le clapotis des vagues.

Pierre, lui, pense toujours à des faits, des chiffres, des explications précises.

Il pourra aller et venir comme bon lui chante, et sans se perdre.

Il ira partout et il ne se perdra nulle part.

Marie pense à Paris

Quand Marie et Pierre sont rentrés à leur hôtel, ils ont entendu sonner les douze coups de minuit. Pierre est allé directement se coucher car il avait sommeil.

Marie a défait ses valises, elle a rangé ses vêtements dans l'armoire, puis elle a fait sa toilette et s'est étendue sur son lit. Elle n'avait pas sommeil. Par les volets ouverts, la lune éclairait sa chambre. La jeune fille pensait à l'histoire de Paris. Elle imaginait la ville autrefois, elle la voyait s'étendre peu à peu, d'abord sur la rive gauche, puis sur la rive droite du fleuve. Elle imaginait aussi la Seine et ses nombreux bateaux, les Parisiens des vêtements de couleurs très gaies.

- M. Poquelin n'a pas répondu aux questions de Pierre, se disait-elle.

- Pierre pose toujours trop de questions, c'est fatigant. Moi, j'ai étudié l'histoire de France, je m'y perds un peu, mais je ne pose pas de questions sans arrêt. Plus nous nous approchions du fleuve, plus nous pouvions entendre le clapotis des vagues. Alors j'ai pensé à ce poème d'Apollinaire, «Sur le pont Mirabeau». J'étais là, et je revoyais mon professeur de français nous le lisant et mettant l'accent sur chaque mot. Pierre, lui, pense toujours à des faits, des chiffres, des explications précises. Il est trop terre-à-terre. Demain je lui achèterai un plan de Paris, mais certainement pas de stylo. J'irai à la librairie de la rue Saint-Jacques. J'y trouverai sûrement des livres sur l'histoire ancienne et moderne de Paris. Comme ça, Pierre pourra découvrir l'histoire de la ville et quand nous nous promènerons avec nos amis, il ne leur posera plus de questions inutiles et fatigantes. Il pourra aller et venir comme bon lui chante, et sans se perdre. Il ira partout et il ne se perdra nulle part.

마리가 빠리를 생각하다

마리와 삐에르가 호텔로 되돌아 왔을 때 자정이 울리는 소리가 들렸다. 삐에르는 졸렸기 때문에 바로 잠자리에 들러 갔다.

마리는 가방의 짐을 풀고 옷장에 옷들을 정돈했다. 그리고 세면을 하고는 침대 위에 길게 누웠다. 그녀는 졸리지가 않았다. 달빛이 열려진 덧문들을 통하여 방을 비추고 있었다. 소녀는 빠리의 역사를 생각했다. 그녀는 옛날의 그 도시를 상상했다. 그녀는 그 도시가 점차적으로 우선 강의 좌안 위로, 그리고 우안 위로 펼쳐져 나가는 것을 보았다. 그녀는 또한 쎄느 강과 쎄느 강에 있는 수많은 배들, 그리고 매우 밝은 색깔의 옷을 입고 있는 빠리 시민들을 상상했다.

– 뽀끌랭 씨는 삐에르의 질문들에 대답을 안했어, 라고 그녀는 생각했다.

– 삐에르는 항상 너무나 많은 질문들을 제기해. 그것은 피곤하게 하지. 나, 나는 프랑스의 역사를 배웠지만, 이해가 조금 안되는게 있어. 하지만, 나는 끊임없이 질문을 하지는 않아. 우리가 강 쪽으로 가까이 가면 갈수록, 우리는 강물의 찰랑 거리는 잔물결 소리를 들을 수 있었지. 그리고 나는 아뽈리네르의 〈미라보 다리 위에서〉란 시를 생각했어. 나는 그곳에 있었었고, 나의 프랑스어 선생님이 우리에게 그 시를 읽어 주면서 각각의 단어에 액센트 주는 것을 회상했지. 삐에르는 항상 있는 그대로의 사실, 숫자들, 정확한 설명들을 생각해. 그는 너무 현실적이야. 내일 내가 그에게 빠리 안내도를 사줄건데 만년필은 절대로 안 사줄거야. 나는 쌩 작끄 가의 서점에 갈거야. 그곳에서 틀림없이 빠리의 고대 및 현대 역사에 관한 책들을 발견할거야. 그것으로 삐에르는 이 도시의 역사를 알게 될 것이고, 우리가 친구들과 함께 산책하게 될 때 그는 그들에게 쓸데없고 피곤하게 하는 질문들을 더 이상 제기하지 않을거야. 그는 자신이 원하는데로, 그리고 길도 잃지 않고 여기 저기 다닐 수 있을거야. 그는 어디든지 갈 것이며 어느 곳에서도 길을 절대 잃어버리지 않을거야.

rentrer : 귀가하다, 다시 들어가다

sonner : 울리다

le coup : 번, 째, 때림, 타격

se coucher : 잠자리에 들다

car ~ : 왜냐하면 ~이기 때문이다 (= parce que ~)

avoir sommeil : 졸리다

défaire : (짐 따위를) 풀다

l'armoire (f.) : 옷 장, 장롱

s'étendre : 길게 눕다, 길게 펼치다

par : ~를 통하여, ~에 의하여

le volet : 덧 문

autrefois : 옛날의, 옛날에

peu à peu : 점점

d'abord : 우선, 무엇보다도

la rive : 강기슭, 연안

la rive gauche : 좌안(쎄느 강의 아래쪽 지역) ↔ la rive droite 우안

se dire : 생각하다, 혼잣말 하다

fatigant : 피곤하게 하는 - fatigué 피곤한

sans arrêt : 끊임없이

s'approcher de ~ : ~로 다가서다, ~로 가까이 가다

le clapotis : (물결 등) 찰랑거림

la vague : 파도

chaque mot : 각각의 단어

le fait : 사실, 사건

le chiffre : 숫자

terre-à-terre : 현실적인, 실질적인, 실리적인

découvrir : 발견하다

comme bon lui chante : 자기 마음대로 (= comme bon lui semble)

partout : 도처에, 여기저기에

ne ~ nulle part : 어느 곳도 아니다 - partout 의 부정

 조금만 더

entendre + inf : ~하는 것이 들리다

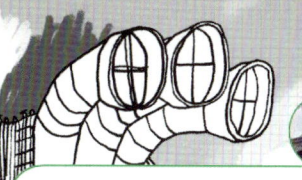

핵심 콕 머리 쏙

1. 지각 동사 + inf

지각 동사 다음에 동사가 올 때는 원형이 오며, 그 원형의 의미상의 주어를 대명사로 받을 경우에 그 위치는 항상 **지각동사 앞**이다.

Elle entend Paul chanter. = Elle entend chanter Paul.
그 여자는 뽈이 노래하는 것을 듣는다.

위의 경우 chanter가 또 다른 목적 보어를 갖지 않으므로 의미상의 주어의 위치는 원형 동사의 앞이나 뒤에 올 수 있다. 그러나 대명사로 받을 경우에는 두 가지 경우에 다 항상 지각 동사의 앞으로 와야 한다.

Elle **l'entend** chanter.
그 여자는 그가 노래하는 것을 듣는다.

그러나 원형 동사가 또 다른 직접 목적 보어를 가질 경우에는 의미상의 명사 주어를 항상 원형 동사의 앞에 놓아야 한다.

Elle entend **Paul** chanter **la chanson.**
그 여자는 뽈이 그 노래를 부르는 것을 듣는다.

위의 경우 대명사로 받을 경우에 Paul은 le로 la chanson은 la로 받아야 되는데, 한 문장에 직접 목적 보어가 두 개 있을 경우는 없으므로 의미상의 주어는 간접 목적 보어로 받아서 지각동사 앞에다 놓아야 한다.

Elle **la lui** entend chanter.
그 여자는 그가 그것을 부르는 것을 듣는다.

2. La rive droite 우안, La rive gauche 좌안

빠리는 쎄느 강을 중심으로 우안 지역과 좌안 지역으로 나눌 수 있는데 쎄느강의 **위쪽** 지역을 **la rive droite** (우안), **아래쪽** 지역을 **la rive gauche** (좌안) 라고 부른다.

3. 본문 구문 연구

Elle la voyait s'étendre peu à peu sur la rive gauche puis sur la rive droite du fleuve.

la는 앞 문장의 la ville을 받으며, voir (지각 동사) 동사 다음에 동사의 원형 s'étendre가 쓰였다. 그래서 직접 목적 보어 대명사 (s'étendre의 의미상의 주어) la는 지각 동사 앞에 위치했다.

4. 본문 구문 연구

Je revoyais mon professeur de français nous le **lisant** et **mettant** l'accent sur chaque mot.
나는 우리에게 그 시를 읽어 주면서 각각의 단어에 억양을 주시던 나의 프랑스어 교수님을 회상했었다.

lisant 과 mettant 은 현재 분사로서 모두 mon professeur de français 를 수식해 주고 있다. 이와 같이 현재 분사는 명사 바로 뒤에서 그 명사를 수식해 줄 수 있다. nous (우리에게) 는 간접 목적 대명사이며 le 는 바로 앞 문장의 ce poème d'Apollinaire 를 받는 직접 목적 보어 대명사이다.

cf Je m'imaginais entendre mon professeur de français prononcer chaque mot comme il le faisait en classe.
나는 나의 프랑스어 선생님이 교실에서 각각의 단어를 발음했던 것 처럼 그가 각각의 단어를 발음하는 것을 상상했다.

s'imaginer 동사 다음에 동사 원형 entendre가 쓰였고 entendre는 지각 동사이므로 동사 원형 prononcer가 쓰였다. 그런데 prononcer는 또 다른 목적 보어 chaque mot를 갖고 있으므로 prononcer의 의미상의 주어 mon professeur de français는 prononcer 앞에 위치한 것이다. 또한 le는 앞에서 설명한대로 중성 대명사로서 prononcer chaque mot를 받고 있다.

그러므로 위 문장에서 mon professeur de français와 chaque mot로 대명사로 받아 문장을 다시 써보면 다음과 같다.

Je m'imaginais **le lui** entendre prononcer comme il le faisait en classe.

5. 비인칭 구문

Il est facile de + inf : ~하는 것은 쉽다.

비인칭 구문에서의 의미상의 주어는 비인칭 주어와 동사 사이에 간접 목적 보어를 써준다.

Il **m'**est facile d'apprendre le français. 내가 프랑스어를 배우는 것은 쉽다.
Il **leur** sera facile d'apprendre le français.
그들이 불어를 배우는 것은 쉬울 것이다.

의미상의 주어가 대명사가 아니라 명사일 경우에는 **pour qn** 의 형태를 취한다.

Il est facile **pour Marie** d'apprendre le français.

6. 비인칭 동사 pleuvoir (비오다.)

현재	il pleut
단순미래	il pleuvra
반과거	il pleuvait
복합과거	il a plu

7. à cause de : ~ 때문에 = parce que + 절

J'ai pris mon parapluie à cause de la pluie.
나는 비 때문에 우산을 갖고 있었다.
= J'ai pris mon parapluie parce qu'il pleuvait.
Elles ont eu peur à cause du bruit. 그 여자들은 소음 때문에 두려웠었다.
= Elles ont eu peur parce qu'il y avait du bruit.

* 회화 작문에 필요한 필수 표현 정리

1. dans + 시간 : ~후에

Dans 3 ans, je rentrerai en Corée.
3년 후에 귀국할 것입니다.

2. il y a + 시간 : ~전에

Elle a quitté Paris il y a un mois. Maintenant elle habite à Nantes.
그녀는 한 달 전에 빠리를 떠났어. 지금은 낭뜨에서 살고 있어.

3. l'un(e) ~, l'autre ~ / 하나는 ~ 하고, 다른 하나는 ~ 하다

Dans mon quartier il y a deux cafés. L'un est calme, et l'autre est trop bruyant.
내 동네에 까페가 두 개있는데 하나는 조용한데, 다른 하나는 너무 시끄러워.

4. penser à ~ : ~를 생각하다

Chaque fois que je viens ici, Je pense à toi.
내가 여기에 올때마다 네가 생각나.

5. avoir besoin de ~ : ~ 이 필요하다

J'ai besoin de ton aide pour habiter en France.

6. être prêt à + inf : ~할 준비가 되어 있다

Je suis prête à quitter la maison. J'arrive tout de suite.
집을 떠날 준비가 되어있습니다. 곧 도착합니다.

Leçon 11

Pierre doit chercher une adresse

 미리 들어 보세요.

Il essaye de se repérer facilement dans cette ville.

Chacun des vingt arrondissements de la ville est représenté d'une couleur différente.

Voici le boulevard Montparnasse situé entre le sixième et le quatorzième arrondissement.

Il doit se rendre à l'adresse suivante.

Il doit remettre un petit colis à un certain Monsieur Pierre Dubois.

La rue Lepic est sur votre gauche.

Il n'oublie pas qu'il lui doit de l'argent 25 euros.

Il doit lui rembourser quand il retire des espèces.

Pierre est assis à la terrasse d'un café de Montparnasse. Il a commandé un thé, il a déplié sur la table le plan de Paris. Marie le lui a acheté. Il essaye de se repérer facilement dans cette ville.

Que de rues il y a dans Paris! Plus de six mille rues! Toutes plus ou moins longues, plus ou moins étroites. Elles forment un réseau de plus de mille kilomètres. Il doit être impossible de se souvenir des noms de toutes ces rues.

Chacun des vingt arrondissements de la ville est représenté d'une couleur différente sur le plan. Pierre y cherche son café.

Ah! Voilà, il a trouvé : voici le boulevard Montparnasse situé entre le sixième et le quatorzième arrondissement. Son café doit être quelque part par ici sur le plan. A présent il cherche où est le dix-huitième. Il doit se rendre à l'adresse suivante.

11 rue Lepic, 75018 Paris (18e).

Avant de partir, l'ingénieur français de son usine lui a laissé une commission. Il doit remettre un petit colis à un certain Monsieur Pierre Dubois. Son collègue lui a dit:

- La rue Lepic est à Montmartre. Vous verrez, c'est un quartier amusant, très actif et plein de couleurs. Vous y passerez en vous promenant.

Mais Montmartre est loin de Montparnasse. C'est au nord, à l'autre bout de la ville. Pierre se demande comment il va y aller. Il se lève pour demander son chemin à un agent de police.

— Excusez-moi, monsieur l'agent, mais vous pouvez me dire comment faire pour aller à la rue Lepic, s'il vous plaît?

— Bien sûr, c'est très facile. D'ici, vous devez prendre le métro. En le prenant là, à la station Notre-Dame-des-Champs, il faut descendre à Pigalle et marcher jusqu'à la place Blanche. C'est ici, sur votre plan. La rue Lepic est sur votre gauche.

— Merci pour ces explications. Cette statue, sur le boulevard Raspail, en face de vous, qui est-ce?

— C'est la statue de Balzac, monsieur
— Merci, monsieur l'agent.

«Tiens. C'est donc lui.» se dit Pierre. Il se souvient que Marie aimait beaucoup les livres de Balzac. Il se dit qu'il a vraiment de la chance d'avoir une sœur comme elle. Elle lui a même acheté un plan de la ville et des livres sur l'histoire de Paris. Il n'oublie pas qu'il lui doit 25 euros. Il doit lui rembourser quand il retire des espèces.

삐에르는 몽빠르나스의 까페 테라스에 앉아 있다. 그는 차 한잔을 주문했고, 테이블 위에 빠리 안내도를 펼쳐 놓았다. 마리가 그것을 그에게 사주었다. 그는 이 도시에서 자신이 지금 어디에 있는건지 쉽게 알아낼려 하고 있다.

빠리에는 얼마나 많은 길들이 있는지! 6천개 이상의 길들이 있다니! 모든 길들은 제법 길거나 짧다. 그것들은 천 킬로미터 이상의 도로 망을 형성하고 있다. 모든 이 길들의 이름을 기억해 낸다는 것은 불가능함에 틀림이 없다.

이 도시의 20개 구들 각각은 안내도 위에서 다른 색깔로 표시되어 있다. 삐에르는 안내도 위에서 자신이 지금 와있는 까페를 찾고 있다.

아! 그는 발견했다 : 여기는 6번 구와 14번 구 사이에 위치해 있는 몽빠르나스 대로이다. 그의 까페는 안내도 위에서 여기 어딘가에 있음에 틀림이 없다. 지금, 그는 18번 구가 어디에 있는지 찾아보고 있다. 그는 다음 주소로 가야만 한다.

빠리 18구 르삑가 11번지

떠나기 전에 그의 공장에 일하고 있는 프랑스인 기술자가 그에게 심부름을 시켰다. 그는 삐에르 뒤브와 라고 하는 사람에게 조그만 소포를 전달해 줘야 한다. 그의 직장 동료가 그에게 다음과 같이 말했었다 :

- 르삑가는 몽빠르나스에 있습니다. 당신도 아시게 되겠지만, 그곳은 재미있고, 매우 활기에 차있으며, 색깔들로 가득찬 동네입니다. 산책할 겸해서 그곳에 잠깐 들려보시지요.

그러나 몽마르트르는 몽빠르나스에서 부터 멀리에 있다. 이 도시의 다른 쪽 끝인 북쪽에 있다. 삐에르는 어떻게 그곳에 가야할지 자문한다. 그는 경찰관에게 길을 물어보기 위하여 자리에서 일어난다.

- 경찰관님, 죄송합니다만 르삑가에 갈려면 어떻게 해야되는지 말씀해 주실 수 있습니까?

삐에르는 주소를 찾아야 한다

– 물론입니다, 그것은 매우 쉽습니다. 여기에서 부터 지하철을 타시면 됩니다. 저기 노트르담-데-샹 역에서 지하철을 타시고 가다 삐갈역에서 내려서 블랑슈 광장까지 걸어가시면 됩니다. 당신의 안내도 위에서 보면 바로 여기입니다. 르삑가가 당신의 왼쪽에 있습니다.

– 설명해 주셔서 감사합니다. 당신의 맞은편 쪽 라스빠이으 대로에 있는 이 동상은 누구인가요?

– 발자크의 동상입니다. 선생님.

– 감사합니다, 경찰관님.

《《아차. 맞아 바로 그야.》》 라고 삐에르는 생각한다. 그는 마리가 발자크의 책들을 많이 좋아 했었다는 것을 기억한다. 그는 자신이 그녀와 같은 여동생을 가져서 무척 행운이라고 생각한다. 그녀는 심지어 그에게 빠리 안내도와 빠리 역사에 관한 책들을 사주었다. 그는 그녀에게 25 유로를 빚지고 있다는 것을 잊지 않고 있다. 그가 현금을 인출할 때에 그녀에게 되돌려 줘야만 한다.

assis : 앉아있는 - s'asseoir 동사의 과거분사에서 만든 형용사 형

commander : 주문하다

déplier : 펼치다 ↔ plier 접다

le plan de Paris : 빠리 안내도

plus de ~ : ~이상

essayer de + inf : ~할려고 노력하다, 애쓰다

se repérer : 자신의 위치를 알다

plus ou moins : 다소

le réseau : (도로 등) 망

se souvenir de ~ : ~을 회상하다 (= se rappeler)

l'arrondissement (m.) : 구

représenter : 나타내다, 표현하다

quelque part : 어딘가에

par ici : 이쪽에, 이쪽으로

se rendre à ~ : ~에 가다, ~로 가다

suivant : 다음의, (전치사) ~에 따라

la commission : 심부름

remettre : 전달하다, 전해주다

le colis : 소포, 꾸러미

le collègue, la collègue : (직장) 동료

amusant : 재미있는

passer : 잠깐 들르다, 지나가다, 보내다

le bout : 끝

le chemin : 길

l'agent : 경찰, (부동산, 여행사 등) 직원

la statue : 동상

en face de ~ : ~의 맞은편에

même : 심지어, ~조차

sur : ~에 관한, ~위에

oublier que ~ : 하는 것을 잊다

rembourser : 갚다, 환불하다

retirer : (돈) 인출하다

les espèces : 현금 (= le liquide)

조금만 더

* devoir + inf : ~해야 한다, ~임에 틀림없다
* certain + 사람 이름 : ~라는 사람, 어느, 어떤
* donc : 그래서(평서문)/ 그런데, 도대체(의문문)/ 강조(명령, 감탄문)
* ~ que + 주어 + 동사 : 목적절을 이끌어 주는 접속사
* avoir de la chance de + inf : ~해서 운이 좋다

빠리 지하철 안내판

1. Il est impossible de + inf : ~하는 것은 불가능하다.

Il est possible de + inf : ~하는 것은 가능하다.

Il **m'**est impossible d'y aller tout seul. 나 혼자 그곳에 가는 것은 불가능하다.
Il **lui** est possible d'aller partout. 그가 어디든지 가는 것은 가능하다.

비인칭 표현에서의 의미상의 주어는 비인칭 주어와 비인칭 동사 사이에 간접 목적 보어를 놓는다.

2. en + 현재 분사 = Gérondif (~하면서 – 주어와의 동시 동작)

Vous irez en vous promenant. 산책하면서 가 보세요. → se promener
Il voit tous les monuments en se promenant.
그는 산책하면서 모든 기념물들을 본다.

3. 주어를 따로 쓰지 않아도 상황상 주어를 알 수 있는 경우에는 주어를 생략하고, 의문사 다음에 바로 동사의 원형을 써줘도 된다.

Pourquoi partir? 왜 떠날려고? = Tu pars pourquoi?
Comment faire? 어떻게 하지? = Comment est-ce que je fais?

4. 간투사 Tiens. – 아아니! 저런! 자.

Tiens은 놀람이나 주의를 끌고 싶을 때 또는 물건을 건네줄 때 쓰인다.

회화에서 빈번하게 쓰이니 기억해두자.

Tu 에 대해서는 Tiens! 이라 하고, Vous 에 대해서는 Tenez! 라 한다.

Tiens, voilà ton livre. 자, 여기에 네 책이 있어.
Tiens! Elle arrive! 와(어)! 그녀가 도착하고 있다.

5. devoir : 빚지다 (뒤에 동사 원형이 오지 않을 때 이 뜻을 갖는다.)

Vous m'avez prêté cinquante euros, je vous les dois.
당신은 나에게 50 유로를 빌려 주었다. 나는 당신에게 50유로를 빚지고 있다.
Je dois de tous côtés. 나는 사방에 빚이 있다.

6. 문장 연구

apprendre à + inf : ~하는 법을 배우다.

Je dois apprendre à faire la cuisine pour me marier.
나는 결혼하기 위해서 요리하는 법을 배워야 한다.

apprendre à qn de + inf : ~에게 ~하는 법을 가르치다.

Une maîtresse aprend à ses élèves de compter en espagnol.
여 선생님이 학생들에게 스페인어로 셈하는 법을 가르치고 있다.

간접 목적 보어가 있으면 뜻이 반대로 바뀐다는 것에 주의를 해야 한다.

* 회화 작문에 필요한 필수 표현 정리

1. C'est l'heure de + inf (명사) : ~할 시간이다

C'est l'heure de quitter l'appartement. Vite! Nous allons être en retard.
아파트를 떠날 시간이 되었어. 서둘러. 우리는 늦을거야.

C'est l'heure du départ.
떠날 시간이야.

cf Il est l'heure! 시간됐어.

2. plus de ~ : ~ 이상

Il faut plus de 3 heures pour aller à Nice.
니스에 가는데 3시간 이상 걸려.

3. ~ de plus : 더

Je dois travailler une heure de plus pour terminer ce travail.
내가 이 일을 끝내려면 한 시간 더 일을 해야 돼.

4. se préparer à(pour) inf- : ~할 준비를 하다

Je me prépare à partir pour la France pour faire mes études.
나는 공부를 하기 위하여 프랑스로 갈 준비를 하고 있다.

5. en ce moment : 지금

Le train passe en ce moment la station Hôtel de Ville.
열차가 지금 시청역을 지나가고 있어.

6. quelque chose à +inf : ~할 것

Tu as quelque chose à manger?
먹을 것 좀 있니?

Leçon 12

Magasins ou musées

🎧 미리 들어 보세요.

mais ça lui prend beaucoup de temps pour la garder propre

Son mari ne comprend pas pourquoi elle s'obstine à faire la vaisselle à la main.

Ma femme doit se servir d'un aspirateur ou d'un lave-vaisselle.

et le mardi tous les musées sont fermés ici.

Il aperçoit de l'autre côté, sur la rive gauche, la Tour Eiffel.

ça vous fera des souvenirs inoubliables.

Pendant ce temps-là, les femmes ont fait les vitrines et les étalages des magasins.

Marie a fait des essais et s'est décidée à acheter une robe.

sous prétexte qu'il la trouvait laide

Leçon 12

Mme Poquelin et Marie décident d'aller faire les magasins. Elles prennent le métro pour aller aux grands magasins situés à Opéra et à Saint-Lazare. Mme Poquelin a différents achats à faire. Elle n'aime pas avoir une maison sale, mais ça lui prend beaucoup de temps pour la garder propre. Son mari ne comprend pas pourquoi elle s'obstine à balayer ou à faire la vaisselle à la main. Il pense :

- Ma femme doit se servir d'un aspirateur ou d'un lave-vaisselle et elle gagnera beaucoup de temps! Je ne comprends rien.

Pierre n'ira pas avec elles, parce que faire les magasins ne l'intéresse pas. Il a l'intention d'aller voir le Musée de l'Homme et le Musée des Monuments Français, au palais de Chaillot. Les magasins l'ennuient alors que les musées l'intéressent beaucoup.

Il est allé rue des Ecoles pour prendre le bus 63. Ce bus le mènera à la place Trocadéro, juste en face du palais Chaillot.

Mais en descendant du bus, Pierre trouve les deux musées fermés. Un marchand de glaces s'avance vers lui le long du trottoir, s'arrête juste à sa hauteur, l'observe un instant et lui dit :

– Pas de chance, jeune homme. C'est mardi aujourd'hui, et le mardi tous les musées sont fermés ici. Prenez donc une glace au chocolat, ça vous rafraîchira. Elles sont délicieuses.

– Non merci, monsieur. Je n'aime pas les glaces.

Tout embêté, Pierre se demande :

- Qu'est-ce que je peux faire?

Il aperçoit de l'autre côté, sur la rive gauche, la Tour Eiffel et les jardins du Champs-de-Mars. Il décide d'y aller à pied, mais par précaution il demande au marchand :

– Vous savez s'il est possible de monter à la Tour Eiffel aujourd'hui?

– Certainement, monsieur. C'est payant pour monter par l'ascenseur mais ce n'est pas cher. C'est une bonne idée. Là-haut, l'air y est bien meilleur, on respire mieux et même quand il fait chaud comme aujourd'hui, il y a toujours un peu de vent. Et puis vous aurez une vue panoramique de Paris. Ça vous fera des souvenirs inoubliables.

Pendant ce temps-là, les femmes ont fait les vitrines et les étalages des magasins. Elles ont comparé les prix ci et là. Enfin, elles sont entrées au grand magasin Printemps. Mme Poquelin y a terminé ses achats.

Marie a fait des essais et s'est décidée à acheter une robe. Elle était heureuse de son achat et se disait :

- Je n'entendrai plus mon frère se plaindre de ma vieille robe sous prétexte qu'il la trouvait laide.

뽀끌랭 부인과 마리는 쇼핑하러 가기로 결정한다. 그녀들은 오뻬라와 쌩-라자르에 위치해 있는 백화점에 가기 위하여 지하철을 탄다. 뽀끌랭 부인은 여러가지 쇼핑을 해야만 된다. 그녀는 더러운 집을 갖고 있는 것을 좋아하지 않지만 깨끗하게 유지하기 위하여서는 그녀로 하여금 많은 시간이 걸리게 한다. 그녀의 남편은 왜 그녀가 손으로 직접 빗자루로 청소하거나 설거지하기를 고집하는 것을 이해 못한다. 그는 다음과 같이 생각한다 :

- 내 부인은 전기 청소기나 식기 세척기를 사용해야 돼. 그러면 많은 시간을 벌게 될거야! 전혀 이해를 못하겠어.

뻬에르는 그녀들과 함께 가지 않을 것이다. 왜냐하면 쇼핑하는 것은 그를 흥미있게 해주지 못하기 때문이다. 그는 샤이오 궁전에 있는 인류 박물관과 프랑스 기념물 박물관을 보러 갈 생각이다. 박물관들은 그를 무척 흥미있게 해주지만 상점들은 그를 권태롭게 한다.

그는 63번 버스를 타기 위하여 에꼴가로 갔다. 이 버스가 그를 샤이오 궁전 바로 맞은편에 있는 트로까데로 광장으로 데려다 줄 것이다.

그러나 버스에서 부터 내리면서 뻬에르는 두 개의 닫힌 박물관들을 발견한다. 아이스크림 장수가 보도를 따라 그쪽으로 와서는 바로 그의 앞에 멈추더니 잠시 그를 보고는 그에게 말한다 :

- 운이 없군요, 젊은이. 오늘은 화요일입니다. 화요일마다 모든 박물관들은 이곳에서 문을 닫습니다. 그러니 초코 아이스크림이나 하나 드시지요. 시원하게 해줄 것입니다. 이것들은 맛있습니다.

- 감사합니다만 괜찮습니다. 저는 아이스크림을 좋아하지 않습니다.

무척 당황해 하며 뻬에르는 자문한다 :

- 뭘 해야할까?

상점 또는 박물관

그는 다른 쪽 좌안 위에서 에펠탑과 쌍-드-마르스 정원을 본다. 그는 그곳에 걸어가기로 결심한다. 그러나 신중하게 다음과 같이 상인에게 물어 본다 :

- 오늘 에펠탑에 오르는 것이 가능한지 아시나요?

- 물론입니다. 선생님. 엘리베이터로 올라가려면 표 값을 지불해야 됩니다만 비싸지는 않답니다. 좋은 생각입니다. 저 높은 곳에서는 공기도 훨씬 더 좋고 숨도 더 잘 쉴 수 있습니다. 그리고 오늘처럼 덥더라도 항상 약간의 바람이 있습니다. 게다가 당신은 빠리의 파노라마 전경을 만끽할 수 있습니다. 그것은 잊을 수 없는 추억을 만들어 줄 것입니다.

그러는 동안에, 여자들은 상점들의 쇼윈도우와 진열대들을 구경했다. 그녀들은 가격들을 여기저기에서 비교했다. 마침내, 그녀들은 프랭땅 백화점 안으로 들어갔다. 뽀끌랭 부인은 그곳에서 쇼핑을 끝냈다.

마리는 여러 옷들을 입어 보더니 원피스 하나를 사기로 결정했다. 그녀는 이 쇼핑에 대해서 행복해 했으며 다음과 같이 생각했다 :

- 나는 나의 오래된 원피스가 보기 싫다고 생각하고 있다는 구실로 오빠가 그 옷에 대해서 불평하는 소리를 더 이상 듣지 않게 될거야.

알고가요

le magasin : 상점 (= la boutique)

le musée : 박물관

faire les magasins : 쇼핑하다

prendre le métro : 지하철을 타다 - prendre un taxi 택시를 타다

le grand magasin : 백화점

situé,e : 위치해 있는

différents : (수 형용사) 여러 가지의 - 명사 앞에서 관사 없이 쓰인다.

sale : 더러운 ↔ propre 깨끗한

prendre + 시간 : ~ 만큼의 시간이 걸리다

garder + 형용사 : ~하게 보존하다, 간직하다

l'achat (m.) : 쇼핑, 구매

sale : 더러운 ↔ propre 깨끗한

le mari : 남편 ↔ la femme 부인

comprendre : 이해하다

s'obstiner à ~   : ~하면서 고집을 피우다

balayer : 비질하다, 청소하다

faire la vaisselle : 설거지하다

se servir de ~ : ~을 이용하다 (= utiliser)

l'aspirateur (m.) : 진공청소기

le lave-vaisselle : 식기 세척기 - 복수에서 불변한다.

gagner : 벌다

ennuyer : 지루하게 하다, 짜증나게 하다

alors que ~ : ~인데, ~할 때에

mener : 이끌다, 인도하다

juste : 바로, 정확하게, 정확한

le marchand : 상인

la glace : 아이스크림, 거울

s'avancer : 앞으로 나아가다, 전진하다

le long de ~ : ~를 따라

le trottoir : 보도

à la hauteur de ~ : 의 위치에서, ~의 높이에서

observer : 관찰하다, 주목하다

un instant : 잠시

la glace au chocolat : 초코 아이스크림 (여기에서 à는 소유 및 특징을 나타낸다.)

rafraîchir : 시원하게 해주다

délicieux, délicieuse : 맛있는

se demander : 자문하다

apercevoir : 발견하다

de l'autre côté : 다른 쪽으로부터

par précaution : 신중성을 기하기 위하여, 신중성 있게 하기 위하여

savoir si ~ : ~인지 아닌지 알다

payant : 돈을 지불해야 하는, 유료의

cher : 비싼 ↔ bon marché 값싼

meilleur : 더 좋은 - bon 의 우등 비교형

respirer : 숨쉬다

mieux : 더 잘 - bien 의 우등 비교형

le vent :바람

inoubliable : 잊을 수 없는

comparer : 비교하다 - 명사형은 la comparaison

ci et là : 여기 저기

faire des essais : (옷 사기전에) 입어 보다

se paindre de ~ : ~대하여 불평하다

조금만 더

* Pas de chance : 운이 없다 (= Vous n'avez pas de chance. ↔ Vous avez de la chance. 당신은 운이 좋으시군요.)
* Tout embêté : 매우 난처하게 된 (tout 가 형용사나 부사 앞에 쓰이면 '매우' 이다.)
* avoir l'intention de + inf : ~할 의도가 있다, ~할 작정이다
* se décider à + inf : ~하기로 결심하다 (= décider de + inf)
* sous prétexte que + 주어 + 동사 : ~라는 구실로, ~라는 핑계로
* trouver + 형용사 : ~라 생각하다

1. rendre + 직접 목적 보어 + 직접 목적 보어 속사 : ~를 ~하게 하다.

Elle rend sa chambre **propre.** 그녀는 그녀의 방을 깨끗하게 한다.
Elle l'a rendu **célèbre.** 그녀는 그를 유명하게 만들었다.

2. essayer de + inf : ~하려고 애쓰다.
   = s'efforcer de + inf
   = tâcher de + inf
   = chercher à + inf

Elle **cherche à** trouver une solution avec son mari.
그녀는 해결책을 찾으려고 남편과 함께 노력하고 있다.

3. "어떤 거리나 어떤 광장에서 살고 있다" 라고 말할 때나 "거기에 간다" 고 할때, 그 광장 이름이나 거리 이름 앞에는 전치사나 관사를 쓰지 않고 동사 바로 다음에 광장 이름이나 거리 이름만 말하면 된다.

J'habite **rue** des Ecoles. 나는 에꼴가에서 산다.
Elle est allée **place** d'Italie. 그녀는 이딸리 광장으로 갔다.

4. C'est une bonne idée de + inf : ~하는 것은 좋은 생각이다.

C'est une bonne idée de partir pour la France.
프랑스로 떠난다는 것은 좋은 생각이다.

그러나 회화에서는 상황에 따라 다음과 같이 간단한 표현을 쓴다.

C'est une bonne idée! = Bonne idée!

5. bon의 비교급 meilleur / bien의 비교급 mieux

L'air y est **bon,** et on peut respirer **bien.**

그곳의 공기는 좋아서 사람들은 숨을 잘 쉴 수 있다.

L'air y est **meilleur,** et on peut respirer **mieux.**

그곳의 공기는 더 좋아서 사람들은 숨을 더 잘 쉴 수 있다.

* 회화 작문에 필요한 필수 표현 정리

1. quelque chose de +형용사 : ~한 것

On cherche toujours quelque chose de beau.
사람들은 항상 아름다운 것을 찾는다.

2. avoir envie de +inf : ~하고 싶다

J'ai envie de me reposer après le dîner.
저녁 식사 후에는 쉬고 싶어.

3. continuer à(de) +inf : ~하기를 계속하다

Il continue à pleuvoir.
계속 비가 오고 있다.

4. ne ~ ni ~ ni ~ : ~도 ~도 아니다

Elle n'est ni belle ni laide.
그녀는 아름답지도 추하지도 않다.

5. Ni ~ ni ~ ne ~ : ~도 ~도 아니다

Ni toi ni moi ne sommes contentes des résultats de l'examen.
너도 나도 시험에 만족하지 못하고 있다.

6. aider qn à +inf ~ : ~가 ~하는 것을 돕다

Je l'ai aidée à faire le mènage.
나는 그녀가 집안 일 하는 것을 도와주었다.

13

Une promenade en bateau-mouche

⊙ 미리 들어 보세요.

Dans quelques instants nous atteindrons l'Académie française, sur votre droite.

regarde donc les monuments au lieu de rester le nez coller ton guide et ton plan

Et puis tu m'énerves, j'en ai marre de toi

mais Pierre m'énerve à vouloir toujours avoir raison

Elles aussi veulent faire une carrière et devenir importantes.

Et les hommes l'ont bien compris en leur faisant une place.

On appelle ça la parité.

Leçon 13

Le guide : Le monument sur votre gauche, c'est le Musée du Louvre.

Dans quelques instants nous atteindrons l'Académie française, sur votre droite.

Pierre : Le bateau passera le pont des Arts puis arrivera au Palais de Justice, ensuite il ira jusqu'à Notre-Dame.

Marie : Lève-toi et regarde donc les monuments au lieu de rester le nez coller sur ton guide et ton plan.

Pierre : Figure-toi qu'on apprend beaucoup de choses grâce à ce guide. Il est très bien fait. Regarde, sur cette page, il y a un dessin de l'île de la Cité au Moyen Age.

Marie : Ça ne m'intéresse pas du tout. Et puis tu m'énerves, j'en ai marre de toi.

Un vieil homme : Je pense que vous avez tort mademoiselle de considérer ainsi le Moyen Age. C'est une époque absolument formidable et pleine d'intérêts. J'ai passé toute ma vie à en étudier la civilisation.

Marie : Là n'est pas la question, monsieur. Mon frère et moi avons eu plaisir à découvrir l'histoire de France, mais Pierre m'énerve à vouloir toujours avoir raison. Il avait toujours le dernier mot. C'est agaçant!

Pierre : Marie! Tu ne crois pas que tu en fais un peu de trop. Reste polie tout de même.

Marie : Entre nous deux, qui a le plus besoin d'une leçon de politesse?

Le vieil homme : Dites-moi, mademoiselle, vous avez quel âge?

Marie : Heu… Pourquoi ?

Pierre : Ma sœur a dix-neuf ans, monsieur.

Le vieil homme : Ma petite-fille Blanche a le même âge que vous. Elle commence à étudier la peinture. Elle fréquente les Beaux-Arts.

Pierre : Nous sommes passés il y a une minute devant l'Ecole.

Le vieil homme : Oui, vous avez raison.

Marie : Il y a beaucoup de jeunes filles à l'Ecole des Beaux-Arts.

Le vieil homme : Bien sûr. Vous savez, les jeunes Françaises d'aujourd'hui ont beaucoup d'ambitions. Elles aussi veulent faire une carrière et devenir importantes. Et les hommes l'ont bien compris en leur faisant une place. On appelle ça la parité.

제13과

안내인 : 여러분들의 왼쪽에 있는 것은 루브르 박물관입니다. 잠시 후에 우리는 여러분들의 오른쪽에 있는 아카데미 프랑쎄즈에 도착하게 될 것입니다.

삐에르 : 배가 아르 다리 밑으로 지나갈 것이고 이어서 법원에 도착하게 될거야. 다음에는 노트르담 성당까지 갈거야.

마리 : 일어나. 안내도와 지도를 뚫어지게 보는 대신에 기념물들을 좀 봐.

삐에르 : 우리는 이 안내서 덕분에 많은 것들을 배우고 있다는 점을 생각해. 이 책은 정말이지 매우 잘 만들어져 있어. 봐, 이 페이지 위에 중세 때의 씨떼 섬 그림이 있어.

마리 : 전혀 관심 없어. 그리고 오빠는 나를 짜증나게 하네. 오빠는 지겨워.

노신사 : 나는 당신이 중세에 대해서 그렇게 생각하고 있다는 것은 잘못된거라 생각합니다. 그것은 정말이지 놀라울만하며 흥미들로 가득찬 시대입니다. 나는 중세 문화를 연구하는데 일생을 바쳤답니다.

마리 : 그것이 문제가 아닙니다. 선생님. 오빠와 저는 프랑스 역사를 알아가는게 즐거웠습니다만, 삐에르는 자기 말이 항상 옳기를 원하기 때문에 짜증나게 해서요. 그는 항상 자기가 이기려고 해요. 이것이 스트레스를 주거든요.

삐에르 : 마리! 너무하다고 생각하지 않니. 그래도 예의는 지켜야지.

마리 : 우리 둘 중에 누가 예절 수업이 가장 많이 필요하지?

노신사 : 나이가 어떻게 되지요, 학생?

마리 : 음…… 왜죠?

삐에르 : 제 여동생은 19살입니다.

유람선 산책

노신사 : 내 손녀 블랑슈가 당신하고 같은 나이군요. 그녀는 그림을 공부하기 시작하고 있습니다. 보자르 미술 대학에 다니고 있답니다.

삐에르 : 우리가 1분 전에 그 학교 앞으로 지나갔었습니다.

노신사 : 예, 당신 말이 옳습니다.

마리 : 보자르 미술 대학에는 많은 여학생들이 있습니다.

노신사 : 물론입니다. 아시다시피, 오늘날의 젊은 프랑스 여성들은 많은 야망을 갖고 있습니다. 그녀들 역시 성공해서 유력 인사가 되기를 원하고 있습니다. 그리고 남성들은 여성들에게 자리를 내 주면서 그런 점을 잘 이해했습니다. 우리는 그 것을 평등이라 부르죠.

알고가요

la promenade : 산책

le bateau-mouche : (쎄느 강의)유람선

le guide : (사람)안내인, (책)안내서

sur votre gauche : 당신의 왼쪽에 ↔ sur votre droite 당신의 오른쪽에

dans quelques instants : 얼마 후에, 잠시 후에

le Palais de Justice : 법원

au lieu de ~ : ~하는 대신에

rester le nez coller sur ~ : ~를 뚫어져라 쳐다 보다, ~에 몰두하다 (= ne pas lever le nez)

se figurer que ~ : 사실은 ~하다, 얼마나 ~하다

apprendre : 배우다

grâce à ~ : ~덕택에

énerver : 짜증나게 하다, 신경질 나게 하다

en avoir marre de ~ : ~에 대해 질리다 (= en avoir assez de ~)

avoir tort de ~ : ~ 가 틀리다 ↔ avoir raison de ~ ~ 가 옳다

ainsi : 그렇게, 그처럼

l'époque (f.) : 시대

absolument : 절대적으로, 완전히

plein,e de + 명사 : ~로 가득찬

Là n'est pas la question : 그것이 문제가 아니다

découvrir : 알아내다, 발견하다

avoir le dernier mot : 논쟁에서 이기다, 말싸움에서 이기다

agaçant : 짜증나게 하는

tout de même : 그렇지만, 그래도

entre nous deux ~ : 우리 둘 중에서

le plus : 가장 많이 - beaucoup 의 최상급

fréquenter : 자주 왕래하다, ~를 다니다

la peinture : 그림

faire une carrière : 성공하다

faire une place à ~ : ~에게 자리를 내주다

comprendre : 이해하다 - 과거 분사 compris

la parité : 평등

조금만 더

* atteindre + 장소 : ~에 다다르다 (전치사를 안 쓴다는 것에 주의)
* passer + 시간 + à + 동사 원형 : ~하면서 시간을 보내다
* avoir plaisir à + 동사 원형 : 즐겁게 ~하다
* rester + 형용사 : ~한 채로 있다 - rester + 장소 ~에 머무르다
* 정관사 + même + 명사 + que ~ : ~하고 똑같은 ~

에펠탑 기념품

1. 강세형 : moi, toi, lui, elle, nous, vous, eux, elles.

강세형은 주어를 나열해줄 경우에 쓰이고, 동사 변화를 그 주어에 일치시켜
주어야 한다.

Mon frère **et moi, nous** sommes des étudiants. 오빠와 나는 학생이다.
Ta mère **et toi, vous** avez beaucoup de livres sur le Moyen Age.
너의 엄마와 너는 중세에 관한 많은 책들을 갖고 있다.

즉, 1인칭이 하나라도 있으면, 1인칭 복수에 동사를 일치시켜주고, 1인칭이
없이 2인칭이 하나라도 있으면 2인칭 복수에 동사를 일치시켜주어야 한다.

그러나 1인칭과 2인칭이 없이 3인칭만 쓸 경우에는 당연히 3인칭 복수에 동
사를 일치시켜 주어야 한다.

Mon frère et elle, ils ont lu cela. 내 오빠와 그녀는 그것을 읽었다.

강세형은 전치사 다음에서 쓰인다.

Je parle **avec lui.** 나는 그와 함께 이야기 한다.
Elle est restée **à côté d'eux.** 그녀는 그들 옆에 있었다.

강세형은 주어 및 목적어를 강조해준다.

Moi, je suis poli. 나, 나는 공손하다.
Elle, je l'aime. 그녀, 나는 그녀를 사랑한다.

긍정 명령문에서 me, te는 강세형 moi, toi로 쓴다.

Lève-toi. 일어나.
Regarde-moi. 나를 봐.

그러나 부정 명령문에서는 원래의 me, te로 된다. 대명사의 위치는 다시 동사 앞으로 간다. 긍정 명령문에서만 대명사의 위치는 동사 뒤이다.

Ne **te** lève pas. 일어나지마.
Ne **me** regarde pas. 나를 보지 마.

2. **Passer 조동사로 être 또는 avoir를 취하는데, être를 더 많이 취한다.**

passer 는 사람이 "지나가다"란 의미와 자동사로 쓰일 경우에는 être를 취하고, 시간이 "지나가다"라는 의미로 쓰일 경우에는 avoir를 취한다.

Nous **avons passé** beaucoup de temps à étudier ce plan.
우리는 이 안내서를 공부하는데 많은 시간을 보냈다.
Nous **sommes passés devant** la boutique. 우리는 상점 앞으로 지나갔다.

3. **que는 목적절을 이끌어 주는 접속사로도 쓰인다.**

Je pense que vous avez raison. 나는 당신 말이 옳다고 생각한다.
Je crois qu'il est temps d'aller au lit. 나는 잠잘 시간이라 생각한다.
- il est temps de + inf : ~할 시간이다 (비인칭 표현)

* 회화 작문에 필요한 필수 표현 정리

1. être en bonne santé : 건강하다

Nous sommes toujours en bonne santé.
우리는 항상 건강하게 잘 지내고 있습니다.

2. s'occuper de ~ : ~를 돌보다, 보살피다, ~에 종사하다

Je m'occupe de publicité.
저는 광고일을 하고 있습니다.

3. défendre à qn de +inf : ~가 ~하는 것을 금하다

Je te défends d'entrer dans ma chambre.
내 방에 들어 오지마.

4. au cœur de ~ = au milieu de ~ = au centre de ~ : ~의 중심부에

Je suis ici au cœur de Paris, dans l'île de la Cité.
나는 지금 여기 빠리의 중심부인 씨떼 섬안에 있다.

5. Que de +무관사 명사 : -이 얼마나 많은지!(감탄)

Que de monde dans la rue!
길에 얼마나 사람들이 많은지!

6. avoir sommeil : 졸리다

J'ai sommeil. Il est temps d'aller au lit.
졸려. 잠잘 시간이야.

De retour à la maison

🔊•• 미리 들어 보세요.

enfin elle a entendu la clef tourner dans la serrure

La prochaine fois que tu rentres tard, tu me préviendras.

Il a un léger accent étranger quand il parle français.

il doit s'impatienter

Il maîtrise parfaitement le sujet, mais il avait besoin de mes lumières.

D'après lui, je suis le seul à avoir pu lui apporter des réponses à ses questions.

Il y avait un monde fou aux embarcadères.

Les gens faisaient la queue pour prendre les bateaux-mouches.

Parfois le hasard fait bien les choses.

Leçon 14

Le professeur Thomasson est rentré tard chez lui. Sa femme lisait un livre en l'attendant quand enfin elle a entendu la clef tourner dans la serrure.

- Enfin, te voilà. J'étais inquiète. La prochaine fois que tu rentres tard, tu me préviendras. Comme ça je ne me ferai pas de soucis. Tu as de la visite, c'est un étudiant. Il t'attend dans ton bureau. Il a besoin de renseignements au sujet du Moyen Age.

- Etrange, je n'attendais personne. Il t'a dit comment il s'appelait?

- C'est la première fois que je le vois. Il a un léger accent étranger quand il parle français. En tout cas il est bien élevé. Vas-y, il doit s'impatienter.

- J'y vais. A tout de suite.

M. Thomasson est allé dans son bureau et n'en est sorti qu'une heure après.

- Il est presque neuf heures et j'aime dîner tôt, tu le sais bien.

- Désolé. Cet étudiant vient de Rome. Il est venu de loin pour me voir. Je ne pouvais pas le renvoyer quand même. Il a suivi ma classe à la Sorbonne. Je l'ai tout de suite reconnu. Il est venu avec des questions très intéressantes… Je n'ai pas très faim ce soir. Dîne sans moi.

- Tu es bien comme ton fils. Tu n'as jamais faim. Après, ne sois pas surpris d'être malade. Veux-tu du potage? Il est chaud.

- Pourquoi pas, je prendrai bien un petit potage… Il maîtrise parfaitement le sujet, mais il avait besoin de mes lumières. D'après lui, je suis le seul à avoir pu lui apporter des réponses à ses questions.

- Qu'as-tu fait cet après-midi? Tu semblais bien content quand tu es rentré.

- Je suis allé me promener sur les quais. Il y avait un monde fou aux embarcadères. Les gens faisaient la queue pour prendre les bateaux-mouches. Ils sont tous semblables et bien jolis, ces petits bateaux. Du coup ça m'a donné envie de faire comme tous ces touristes. C'est sympa, une croisière sur la Seine, surtout que je n'en avais jamais eu l'occasion. J'y ai rencontré deux jeunes étrangers. Nous avons fait connaissance et nous avons bavardé tout un moment. Comme ils paraissaient très gentils, je les ai accompagnés.

- Ils ont eu de la chance de te rencontrer.

- Parfois le hasard fait bien les choses. Tu auras l'occasion de les rencontrer bientôt. Je leur ai donné notre numéro de téléphone car ils connaissent peu de Français à Paris. Je veux leur faire rencontrer Blanche.

또마쏭 교수는 늦게 귀가했다. 마침내 열쇠가 자물쇠 속에서 돌아가는 소리가 들렸을 때 그의 부인은 그를 기다리면서 책을 읽고 있었다.

– 이제 오셨네요. 걱정했습니다. 당신이 다음번에 늦게 귀가할때면 미리 알려주세요. 그러면 더 이상 걱정을 하지 않을겁니다. 누군가 당신을 찾아왔습니다. 학생이던데. 서재에서 당신을 기다리고 있어요. 그는 중세에 대해서 자료를 필요로 하고 있어요.

– 이상한데 그럴리가. 내가 기다리는 사람이 아무도 없었는데. 그가 이름을 이야기했나요?

– 저는 그를 본게 처음이에요. 그는 프랑스어를 말할 때 가벼운 외국인의 억양이 있어요. 하여튼 교육은 잘 받았나봐요. 가보세요. 무척 기다리고 있을테니.

– 가볼게요. 이따 봐요.

또마쏭 씨는 서재로 가더니 한 시간 후에야 나왔다.

– 9시가 거의 다 되었네요. 당신도 알다시피 나는 저녁 식사 일찍하는 걸 좋아하는데.

– 미안해요. 이 학생은 로마에서 왔네요. 나를 보기 위하여 멀리서 왔어요. 그래서 되돌려 보낼 수가 없었지요. 그는 소르본 대학에서 내 수업을 들었어요. 나는 그를 즉시 알아 봤죠.
그는 매우 흥미있는 질문들을 가져 왔어요…… 오늘 저녁에는 배가 고프지 않으니 혼자 저녁 식사하세요.

– 당신은 어쩌면 당신 아들하고 똑같네요. 배고파 한 적이 없으니. 나중에 병나더라도 놀래지는 마세요. 수프는 드실래요? 따뜻한데.

– 좋아요, 간단히 식사할게요…… 그는 완벽하게 주제를 이해하고는 있지만 내 지식을 필요로 했어요. 그의 말로는 내가 자신의 질문들에 대답을 해줄 수 있었던 유일한 사람이랍니다.

귀가

– 오늘 오후에 뭐 하셨어요? 귀가했을 때 기분이 무척 좋아 보이던데.

– 강변으로 산책하러 갔었죠. 유람선 선착장들에는 엄청나게 많은 사람들이 있었어요. 사람들이 유람선 표들을 사기위해 줄을 서고 있었죠. 그 작은 배들은 모두 비슷하게 생겼고 매우 예뻤답니다. 그래서 나도 이 관광객들처럼 하고 싶은 생각이 들었죠. 쎄느 강 위에서의 유람은 멋진거죠. 그런 기회를 전혀 갖지 못했었던 나로서는 특히 말입니다. 나는 그곳에서 두 명의 젊은 외국인을 만났어요. 우리는 친하게 되었고 줄곧 수다를 떨었습니다. 그들이 매우 친절해 보이는 것 같아서 나는 그들을 동반해서 다녔어요.

– 그들이 당신을 만났다니 운이 좋았네요.

– 가끔 우연이 무엇인가를 잘 만들어 주기도 하죠. 당신은 곧 그들을 만날 기회가 있을겁니다. 그들이 빠리에서 아는 프랑스 사람이 거의 없어서 내가 그들에게 우리 전화번호를 알려 주었거든요. 나는 그들에게 블랑슈를 만나게 해주고 싶어요.

de retour à ~ : ~에 돌아와서

la clef : 열쇠 (= la clé)

tourner : 돌리다

la serrure : 자물쇠

La prochaine fois que ~ : 다음에 ~ 할 때에는

prévenir qn : ~에게 알리다, 앞서다, 예방하다

comme ça : 그것으로, 그렇게 하면

se faire du souci : 걱정하다

avoir de la visite : (구어) 방문객이 찾아오다, 누가 찾아오다

le renseignement : 참고 자료

au sujet de ~ : ~에 대해서

le Moyen Age : 중세

C'est la première fois que ~ : ~한 게 처음이다

l'accent (m.) : 억양, 악센트

en tout cas : 아무튼

bien élevé : 잘 자란, 교육을 잘 받은, 예의바른

s'impatienter : 기다리다, 초조해하다

tout de suite : 즉시, 당장에 - A tout de suite. 곧 다시 보자.

une heure après : 한 시간 후에 - après une heure 한 시 후에

presque : 거의

tôt : 일찍 (= de bonne heure) ↔ tard 늦게

venir de ~ : ~에서 부터 오다

désolé : 유감인, 미안한

renvoyer : 다시 보내다, 내쫓다

suivre : 따라가다, (수업을) 받다

sois : être 동사 2인칭 단수 Tu es 의 명령형

reconnaître : 인정하다, 알아보다

le potage : 수프

maîtriser : (지식 등) 완전히 마스터하다, 이해하다

le sujet : 주제, 주어

parfaitement : 완전히, 완벽하게

les lumières : 지식

D'après lui : 그의 말에 따르면, 그가 그러는데

le seul : 유일한 사람, 유일한 것

rentrer : 귀가하다, 다시 들어가다

fou : 대단한, 엄청난, 미친

l'embarcadère (m.) : 선착장, 부두

faire la queue : 줄을 서다

la queue : 꼬리, 줄

semblable : 비슷한

du coup : 따라서, 그래서

la croisière : 유람, 항해, 순항

faire connaissance : 사귀다, 알게 되다

bavarder : 잡담을 나누다, 수다를 떨다

tout un moment : 줄곧

comme : ~이기 때문에, ~할 때, 얼마나(감탄), ~처럼, ~로서

parfois : 때때로, 이따금

le hasard : 우연

peu de ~ : 거의 ~하지 않다

 조금만 더

* quand même : 절대로(말 끝에 붙여서 앞의 말을 강조할때 습관처럼 많이 쓰인다.) 그렇지만, 그래도 (= tout de même)
* pourquoi pas? : 왜 안되겠어?, 좋아.(상대방 의견에 찬성할 때 쓰는 말)
* surtout que + 절 : ~이니 만큼 더욱 더
* avoir l'occasion de + inf : ~할 기회를 갖다
* sembler + 형용사 : ~처럼 보이다 (= paraître)
* donner envie de + inf : ~하고 싶은 생각이 들게 하다
* avoir de la chance de + inf : ~해서 운이 좋다
* faire + inf : ~하도록 하다 (사역의 의미)

1. 지각 동사 + inf

지각 동사 다음에 동사가 올 때는 inf(동사 원형)를 쓴다.

Elle **a entendu** la clef **tourner** dans la serrure.

entendre (듣다) 동사는 지각 동사이므로 tourner라는 동사의 원형을 취했다.

또한 tourner 동사의 의미상의 주어 la clef는 tourner 동사의 앞과 뒤에 다 올 수 있으나 뒤에 다른 말이 따를때는 혼란을 피하기 위해 보통 앞에다 놓는다.

Elle a entendu **Pierre** chanter **une chanson.**
그녀는 삐에르가 노래하는 것을 들었다.
Elle a entendu chanter **Pierre.** 그녀는 삐에르가 노래하는 것을 들었다.
= Elle a entendu **Pierre** chanter.

위의 첫 번째 문장의 경우에는 chanter 동사의 직접 목적 보어 une chanson 이 있기 때문에 의미상의 주어 Pierre가 동사 원형 앞에 위치한 것이다.

2. 중성 대명사 le

중성 대명사 le는 **앞 문장 전체**를 받을 수 있다.

Quand tu rentreras tard la prochaine fois, dis-**le**-moi, comme cela je **le** saurai.

위의 문장에서 **le**는 모두, 늦게 들어온다는 사실을 받고 있다.

Qui est cet étudiant?

Je ne sais pas ; il ne me l'a pas dit.

중성 대명사 **le** 는 그 학생이 누구냐 라는 앞 문장 전체를 받고 있다.

cf 중성 대명사 le는 또 속사를 받을 수 있다.

Etes-vous **Française?** 당신은 프랑스인 입니까?
Oui, je **le** suis. 예. 나는 그렇습니다.

속사가 여성이라 하더라도 중성 대명사 le로 항상 받아야 한다.
중성 대명사는 성과 수를 구별하지 않는다.

cf Regardez-vous **la jeune fille?** 당신은 그 소녀를 바라봅니까?
Oui, je **la** regarde. 예, 나는 그녀를 바라봅니다.

이럴 경우의 **la**는 직접 목적 보어 대명사로 여성형 la jeune fille를 받고 있다.

3. 중성 대명사 en : 'de + 명사' 나 'de + inf' 를 받는다.

Il est allé dans son bureau et n'**en** est revenu qu'une heure après. 그는 서재로 갔다. 그리고 단지 한 시간이 지나서야 그곳에서 부터 다시 나왔다.

ne ~ que 구문이며, 중성대명사 en은 장소의 이탈을 나타내는 전치사 de를 받아주고 있다. 즉 **en**은 **de son bureau** (그의 서재로부터)를 받은 것이다.

Allez-vous à l'école? 당신은 학교에 가십니까?
Non, j'**en** arrive. 아니오, 나는 그곳에서 부터 오는 겁니다.

즉, **en**은 **de l'école**을 받고 있다.

4. 상태의 동사

상태의 동사에는 être, devenir, paraître, sembler 등이 있는데 이들은 형용사 보어를 유도하며, 그 보어는 항상 주어의 성과 수에 일치시켜 주어야 한다.

Ils paraissent très gentils. 그들은 매우 친절한 것 같다.
Elles paraissent très gentilles. 그녀들은 매우 친절한 것 같다.
Elles sont chères. 그것들은 비싸다.
cf Elles coûtent cher. 그것들은 비싸다.

이럴 경우에 동사 coûter는 상태의 동사가 아니므로 cher가 주어에 일치가 안되고있다. 즉, cher 가 부사로 쓰인 구문이다.

5. 대과거

과거 시제 중 가장 앞선 시제로서 이미 완료된 과거 사실을 나타낸다, 만드는 요령은 조동사의 반과거형에 과거분사를 붙인다.

Quand il avait mangé, il allait se promener.
그는 식사를 하고 난 후에는 산책하러 가곤 했다.

15

Marie et Pierre reçoivent une invitation

🎧 미리 들어 보세요.

Ils doivent se retrouver à vingt heures précises devant la Comédie-Française.

Je n'ai que des chaussettes blanches, je ne trouve pas les grises.

Tu ne les as pas vues, par hasard?

Comme elles étaient sales, je les ai mises dans la lessive d'hier soir.

Une cravate rouge avec un costume anthracite, ça va bien ensemble ?

Je n'arrive pas à mettre la main dessus, pourtant je suis sûr de les avoir apportés.

Qu'est-ce qu'elle te va bien!

Ce ne sera pas correct de faire attendre M. Thomasson.

Leçon 15

Marie et Pierre ont reçu une invitation de la part de M. Thomasson.

Il les a invités au théâtre ce soir-là pour voir une comédie de Molière. Ils y feront aussi la connaissance de Blanche. Ils doivent se retrouver à vingt heures précises devant la Comédie-Française. A présent ils se préparent pour la soirée. Marie est sous la douche quand Pierre lui demande :

– Marie. Je n'ai que des chaussettes blanches, je ne trouve pas les grises. Tu ne les as pas vues, par hasard?

– Comme elles étaient sales, je les ai mises dans la lessive d'hier soir. Et je te les ai données ce matin mais je ne sais pas où tu les as rangées. Elles sont sûrement dans ta commode.

– Ah oui, tu as raison.

– Comme d'habitude…

– Et quelle cravate dois-je porter? Une cravate rouge avec un costume anthracite, ça va bien ensemble? Et mes gants, ils sont où? Je n'arrive pas à mettre la main dessus, pourtant je suis sûr de les avoir apportés.

– Bon, tu te calmes! Tes gants, ils sont dans mon armoire. Je te les donnerai tout à l'heure.

– Et toi, quelle robe vas-tu mettre? Ta robe rose, elle te va si bien. Tu l'as apportée, n'est-ce pas?

– Non, je n'avais pas assez de place dans ma valise. J'avais tant de choses à prendre. J'ai seulement des robes courtes.

Marie entre dans la chambre de son frère, tenant son sac d'une main et les gants de Pierre de l'autre. Elle a mis sa nouvelle robe.

– Comment tu me trouves dans ma nouvelle robe? Elle n'est pas un peu trop simple?

– Ouah!!! Qu'est-ce qu'elle te va bien! Tu l'as achetée où? Je ne la connaissais pas.

– Je l'ai achetée à Paris, au Printemps avec Mme Poquelin. Je voulais te faire la surprise.

– Dépêchons-nous, sinon nous allons être en retard. Ce ne sera pas correct de faire attendre M. Thomasson.

마리와 삐에르가 또마쏭 씨 쪽으로 부터 초대를 받았다.

그는 그날 저녁에 몰리에르의 희극을 보기 위하여 극장으로 그들을 초대했다. 그들은 그곳에서 블랑슈를 사귀게 될 것이다. 그들은 정각 20시에 꼬메디-프랑쎄즈 앞에서 다시 만나야만 된다. 지금 그들은 저녁 시간을 위해서 준비하고 있다. 마리는 지금 샤워 중이다. 바로 그때 삐에르가 그녀에게 다음과 같이 물어 본다 :

- 마리. 나는 하얀색 양말 밖에 없어. 회색을 찾을 수 없네. 혹시, 너는 그것들을 못 봤니?

- 더러워서 어제 저녁 빨랫감에 넣어 두었어. 오늘 아침에 나는 회색 양말을 오빠에게 주었는데 오빠가 그것들을 어디에다 두었는지 나는 몰라. 그것들은 틀림없이 오빠의 서랍장 안에 있어.

- 아, 그래. 네 말이 맞아.

- 늘 하듯이....

- 내가 어떤 넥타이를 매야 될까? 짙은 회색 양복에 빨간 넥타이는 잘 어울릴까? 그리고, 내 장갑들은 어디에 있지? 찾을 수가 없어. 그런데 분명히 내가 그것들을 가져왔었는데.

- 참, 오빠, 가만히 있어봐. 오빠의 장갑들은 내 옷 장안에 있어. 조금 후에 오빠에게 그것들을 갖다줄게.

- 그런데 너는 어떤 옷을 입으려구? 너의 핑크빛 원피스가 너한테 잘 어울리는데. 가지고 왔지, 그렇지 않니?

- 아니야, 내 가방에 충분한 여유 자리가 없었어. 가져올게 너무 많았어. 짧은 옷들만 있어.

마리는 한 손에는 핸드백을, 다른 한 손에는 삐에르의 장갑을 들고서 오빠의 방으로 들어온다. 그녀는 새 원피스를 입었다.

- 오빠는 나의 새 원피스를 어떻게 생각해? 약간은 너무 심플하지 않아?

- 와!!! 굉장히 잘 어울린다! 어디서 샀니? 나는 그옷을 몰랐었는데.

- 뽀끌랭 부인과 함께 빠리의 쁘렝땅 백화점에서 샀어. 오빠를 놀라게 해주고 싶었어.

- 서두르자. 그렇지 않으면 우리는 늦을거야. 또마쏭씨를 기다리도록 하는 것은 옳지 않아.

recevoir : 맞이하다, 받다

de la part de qn : ~로 부터

faire la connaissance de qn : ~와 사귀다, ~와 알게 되다

se retrouver : 서로 다시 만나다

précis,e : 정각의, 정확한

sous la douche : 샤워중인

les chaussettes : 양말

par hasard : 혹시, 우연히

comme ~ : ~이기 때문에, ~할 때, ~처럼, 얼마나 ~한지 (감탄)

sale : 더러운 ↔ propre 깨끗한

la lessive : 빨랫감, 세탁물

savoir où ~ : 어디에 ~한지를 알다

la commode : 서랍장

avoir raison : 옳다 ↔ avoir tort 틀리다

comme d'habitude : 늘 그렇듯이

la cravate : 넥타이

le costume : 양복

anthracite : 진회색의 (불변)

mettre la main dessus : 찾아내다, 발견하다 (= trouver)

pourtant : 그러나

aller à ~ : ~에게 어울리다

tant de ~ : 너무나 많은 ~

~ d'une main et ~ de l'autre : 한 손에는 ~을, 다른 한 손에는 ~을

faire la surprise à ~ : ~를 놀라게 해주다

se dépêcher : 서두르다

sinon : 그렇지 않으면

correct : 올바른, 정확한

 조금만 더

* ne pas arriver à + 동사 원형 : ~할 수 없다

* Qu'est-ce que ~ ! : 얼마나 ~한지! (감탄문)

1. 복합 시제에 있어서의 과거 분사의 일치 (조동사 avoir를 취할 시)

Tu as vu mes chaussettes grises. 너는 나의 회색 양말들을 보았다.
→ Tu **les** as **vues**. 나는 그것들을 보았다.
→ **Les** as-tu **vues**? 너는 그것들을 보았니?
→ Ne **les** as-tu pas **vues**? 너는 그것들을 보지 않았니?

위의 예문에서처럼 복합 시제에 있어서의 과거 분사는 조동사 avoir를 취할 시에, 그 직접 목적 보어가 **조동사보다 앞으로 나가면**, 그 과거 분사는 앞으로 나간 직접 목적 보어의 **성과 수에 일치**시켜 주어야만 한다.

또한 복합 시제에 있어서의 부정 의문문의 형태는 'Ne + 조동사-주어 + pas + 과거 분사'의 형태이다. 이 경우에 직접 목적 보어 대명사는 Ne와 조동사 사이에 둔다.

Elle a trouvé tes gants noirs. 그녀는 너의 검은 장갑을 발견했다.
→ Elle **les** a **trouvés**. 그녀는 그것을 발견했다.
→ **Les** a-t-elle **trouvés**? 그녀는 그것을 발견했습니까?
→ Ne **les** a-t-elle pas **trouvés**? 그녀는 그것을 발견하지 않았습니까?

그러나 명사가 주어가 될 경우에는 다음과 같이 된다.

Anna a rangé ses robes. 안나는 그녀의 옷들을 정돈했다.
→Anna **les** a **rangées**. 안나는 그것들을 정돈했다.
→Anna **les** a-t-elle **rangées**? 안나는 그것들을 정돈했습니까?
→Anna ne **les** a-t-elle pas **rangées**? 안나는 그것들을 정돈하지 않았습니까?

즉 명사가 주어일 때는 그 명사를 대명사로 받아서 조동사 뒤에 써주고 모음과 모음이 겹칠 시에는 발음상 '-t-'를 붙인다. 이럴 경우의 부정 의문문의 형태는 "명사 주어 + ne + 조동사 - 대명사로 받은 주어 + pas + 과거 분사"이며 직접 목적 보어는 대명사가 주어일 경우와 마찬가지로 ne와 조동사 사이에 둔다.

2. être 동사의 명령법 : 불규칙 변화이므로 암기해야 한다.

Tu **es** calme. 너는 조용하다.
→ **Sois** calme. 조용히 해라. : 2인칭 단수

Vous **êtes** calmes. 여러분은 조용합니다.
→ **Soyez** calmes. 조용히들 하십시오. : 2인칭 복수

Nous **sommes** calmes. 우리들은 조용합니다.
→ **Soyons** calmes. 조용히들 합시다. : 1인칭 복수

cf avoir의 **명령법** 형태
aie, ayons, ayez

Vous **avez** du courage. 당신은 용기가 있습니다.
→ **Ayez** du courage. 용기를 내십시오.

Une soirée à la Comédie-Française (1)

🎵 미리 들어 보세요.

On ne peut pas passer du vingt et unième au dix-septième siècle en cinq minutes!

J'ai besoin d'une bonne demi-heure pour retrouver l'ambiance du siècle de Louis XIV.

Elle interprétera le rôle de Nicole.

Il semble tellement ridicule quand il essaye d'imiter les nobles.

Pour ce faire, il prend des leçons, il veut étudier, il s'entoure de professeurs.

Il a du mal à comprendre et tout le monde se moque de lui.

Mais il ne s'en aperçoit.

Le public s'est fort bien amusé et on a entendu beaucoup de rire dans la salle.

Leçon 16

Le professeur Thomasson n'aime pas beaucoup le cinéma, mais il adore aller voir des pièces de théâtre. C'est pourquoi il a pris des billets pour aller à la Comédie-Française avec Marie, Pierre et sa petite-fille Blanche. Il n'en a pas pris pour sa femme parce qu'elle n'aime que le cinéma.

M. Thomasson n'est jamais en retard pour aller au théâtre. Il arrive toujours une demi-heure en avance. Il s'explique ainsi :

– On ne peut pas passer du vingt et unième au dix-septième siècle en cinq minutes! Moi, je dois m'isoler de toutes ces voitures et ces bus. J'ai besoin d'une bonne demi-heure pour retrouver l'ambiance du siècle de Louis XIV (quatorze).

Il est huit heures moins cinq, Marie et Pierre profitent de leur avance pour regarder les lumières et les cafés de la place du Palais Royal.

A son arrivée, c'est-à-dire à huit heures précises, le professeur fait les présentations et les quatre personnes entrent dans le théâtre. Afin de se préparer, M. Thomasson raconte aux jeunes gens la vie de Molière. Avant de prendre place dans la salle, ils ont acheté des programmes et Blanche y a vu le nom de son amie Madeleine. Elle interprétera le rôle de Nicole.

Bientôt le rideau se lève, tout le monde fait silence dans la salle, les acteurs et les actrices commencent à jouer le premier acte du Bourgeois-Gentilhomme.

Un riche marchand, M. Jourdain, veut paraître noble alors qu'il n'est que bourgeois. Ce n'est pas un gentilhomme. Il semble tellement ridicule quand il essaye d'imiter les nobles. Pour ce faire, il prend des leçons, il veut étudier, il s'entoure de professeurs. Le problème est qu'il n'est plus assez jeune pour ce genre de choses. Il a du mal à comprendre et tout le monde se moque de lui. Mais il ne s'en aperçoit pas. Ce soir-là, les acteurs ont bien interprété leur rôle. Le public s'est fort bien amusé et on a entendu beaucoup de rire dans la salle.

또마쏭 교수는 영화를 많이 좋아하지 않았지만, 연극 작품들을 보러가는 것은 매우 좋아 한다. 그래서 그는 마리, 삐에르, 손녀 불랑슈와 함께 꼬메디-프랑쎄즈에 가기 위하여 표들을 샀다. 그의 부인은 영화만을 좋아하기 때문에 부인을 위해서는 표를 사지 않았다.

또마쏭씨는 연극 극장에 결코 늦어본 적이 없다. 그는 항상 30분 일찍 도착한다. 그는 다음과 말한다 :

- 단 5분 만에 21세기에서 17세기로 지나갈 수 없어요! 모든 이 자동차들과 버스들을 잊어야만 되지요. 루이 14세 세기의 분위기를 되찾기 위해서는 30분이나 되는 시간이 필요하답니다.

8시 5분 전이다. 마리와 삐에르는 일찍 도착하여서 빨레-롸이얄 광장의 빛들과 까페들을 바라보면서 일찍 온 시간을 이용하고 있다.

교수가 도착하자, 즉 정각 8시가 되자 교수는 소개를 하였고, 네 사람은 극장 안으로 들어간다. 연극을 보는 데 준비가 되도록 또마쏭씨는 젊은이들에게 몰리에르의 삶을 이야기 하고 있다. 극장 홀 안에서 자리를 잡기 전에 그들은 프로그램들을 샀다. 블랑슈는 프로그램안에서 자신의 친구인 마들렌의 이름을 보았다. 그녀는 니꼴 역할을 연기할 것이다.

곧, 막이 오르고, 모든 사람들은 홀 안에서 조용히 하고, 남녀 배우들이 부르즈와-장띠욤의 제 1막을 연기하기 시작한다.

꼬메디-프랑쎄즈에서의 저녁 시간 1

부유한 상인인 주르뎅씨는 단지 평민에 불과하지만 고귀한 것처럼 보이기를 원한다. 그는 귀족은 아니다. 그가 귀족들의 흉내를 내려고 애쓸 때마다 그는 정말이지 우스꽝스러워 보인다. 귀족처럼 보이기 위하여, 그는 수업들을 받고 공부하길 원한다. 그는 개인 교수가 여럿이 있다. 하지만, 문제는 그가 이러한 것들을 하기 위해서는 더이상 충분히 젊지 않다는 것이다. 그는 이해를 잘 못하고, 모든 사람들은 그를 조롱한다. 그러나 그는 그것을 알아차리지 못한다. 그날 저녁에 배우들이 그들의 역할들을 잘 연기했다. 관객들은 무척 재미있어 했고, 홀 안에서는 많은 웃음 소리들이 들렸다.

adorer : 매우 좋아하다

la pièce : 희곡, 조각, 동전

c'est pourquoi : 그래서

le billet : 표, 지폐 - prendre des billets 표들을 구하다, 표들을 사다

ne ~ que ~ : 단지 ~만

le siècle : 세기

s'isoler : 차단되다, 고립되다

voir besoin de ~ : ~이 필요하다

retrouver : 되찾다, 다시 만나다

l'ambiance (f.) : 분위기

profiter de ~ : ~를 이용하다

l'avance (f.) : 앞섬, 빠름

A son arrivée : 그(그녀)가 도착하자

c'est-à-dire : 즉, 다시 말하면

précis,e : 정확한, 정각의

prendre place : 자리를 잡다

interpréter : 연기하다, 연주하다, 해석하다

le rôle : 역할

bientôt : 곧

le rideau : 막, 커튼

le bourgeois : 평민, 서민

le gentilhomme : 귀족, 신사

faire silence : 조용히 하다

noble : 귀족의, 고상한, 고귀한

tellement : 매우, 너무

ridicule : 우스꽝스러운

Pour ce faire : 그렇게 하기 위해서

s'entourer de ~ : ~로 둘러싸이다

ce genre de ~ : 이러한 종류의 ~

se moquer de ~ : ~를 비웃다

s'apercevoir de ~ : ~을 알아차리다

le rire : 웃음

* en + 시간 : ~만에 (완료의 뜻을 갖는다.)

* bon, bnne : 상당한, 많은, 남짓

- une bonne demi-heure 30분이나 되는, 30분 남짓

* afin de + inf : ~하도록

* paraître + 형용사 : ~처럼 보이다 (= sembler)

* alors que ~ : ~인데, ~할때

* essayer de + inf : ~하려고 노력하다, 애쓰다 (= chercher à + inf)

* Le problème est que ~ : 문제는 바로 ~이다

* avoir du mal à + inf : ~하기가 힘들다

* fort bien : 무척 잘 - bien fort 매우 강한

fort는 부사와 형용사로 다 쓰일 수 있는데 fort의 위치에 따라 번역이 틀려지게 된다. 즉, 형용사나 부사 앞에서는 '매우' 란 뜻이 되고, 부사 바로 뒤에 쓰일 때에는 '강한'이란 뜻을 갖는다.

또한 fort가 부사로 쓰일 때에는 불변한다는 것에 주의를 해야 한다.

    Ils sont **fort** simples. 그것들은 매우 단순하다. – 부사로 쓰였다.
    Elles sont **bien** fortes. 그녀들은 매우 강하다. – 형용사로 쓰였다.

1. c'est pourquoi : 그래서

결과 + **parce que** + 원인
원인 + **c'est pourquoi** + 결과

Je bois de la bière **parce que** j'ai soif. 나는 목이 말라서 맥주를 마신다.
= J'ai soif **c'est pourquoi** je bois de la bière.
나는 목이 마르다. 그래서 나는 맥주를 마신다.

2. 중성 대명사 en :

중성 대명사 en은 부정 관사 및 부분 관사와 함께 쓰인 명사를 받을 수 있다. 단 부정 관사 중 un, une은 남겨두어도 되고 un, une과 함께 그 전체를 받을 수도 있다.

J'ai une **sœur.** → **J'en** ai une.
J'ai un **frère.** → **J'en** ai un.

J'ai **des sœurs.** → **J'en** ai.
J'ai **des frères.** → **J'en** ai.

Je n'ai pas **de frères.** → Je n'**en** ai pas.
Je n'ai pas **de sœurs.** → Je n'**en** ai pas.

cf J'ai **une sœur.** → **J'en** ai.

J'ai un frère. → **J'en** ai.
이럴 경우에는 오빠가 몇인지 수를 알 수 없다. 그러므로 수를 밝히고 싶을 때에는 뒤에 항상 수를 말해줘야 한다.

J'en ai **deux.** - 나는 두 명의 오빠가 있다.

중성 대명사 en은 성과 수가 없기 때문에 복합 시제에서 목적어가 되어 조동사 avoir보다도 앞으로 나갈때에도 과거분사에는 아무 변화가 없다.

Elles avaient acheté des programmes. 그녀들은 프로그램들을 샀다.
→ Elles en avaient ache**té.**

또한 beaucoup de, assez de, trop de등과 같은 표현은 'de + 명사'를 en으로 받고 복합시제에서 **beaucoup, assez, trop** 등과 같이 짧고 자주쓰이는 부사는 조동사와 과거 분사 사이에 들어간다.

Elle n'a pas emporté **trop de** robes. 그녀는 많은 옷들을 가져오지 않았다.
→ Elle n'en a pas **trop** emporté.

Il a fait **beaucoup de** voyages. 그는 많은 여행을 했다.
→ Il en a **beaucoup** fait.

"수 형용사 + 복수 명사"도 중성 대명사 en으로 받을 수 있으며, 수 형용사는 그대로 두고 복수 명사만 받는다.

Vous avez vu quatre personnes. 당신은 네 사람을 만났다.
→ Vous **en** avez vu **quatre.**

Elle a acheté plusieurs robes. 그녀는 몇 벌의 옷을 샀다.
→ Elle **en** a acheté **plusieurs.**

3. 직설법 대과거 : 과거 중 가장 먼저 일어난 행위를 나타낸다. 복합과거나 반과거 보다 한 시제 앞섬을 나타낸다.

만드는 법 : 조동사의 반과거 + 과거 분사

J'avais donné, Tu avais montré, Il avait cherché, Nous avions fini, Vous aviez fait, Ils avaient dit

J'étais allé, Tu étais descendu, Elle était venue, Nous étions restés, Vous étiez monté(s), Ils étaient sortis - 조동사로 être 를 취할 시에는 복합 과거에서처럼 과거 분사를 **주어의 성과 수에 일치**시켜 줘야 한다.

Nous sortions ensemble quand(= lorsque) nous avions dîné. 우리는 저녁식사 후에 함께 외출하곤 했다. - quand(= lorsque) 절이 주절보다 한 시제 앞설 경우에는 '~한 후'라고 번역한다.

🎵 미리 들어 보세요.

Quand le rideau est tombé, au premier entracte,

M. Thomasson et sa petite-fille ont emmené leurs amis au foyer.

Marie et Pierre y ont repéré un vieux fauteuil, près de la cheminée.

Certes, il est vieux et sale, mais ne vous en moquez pas.

Ce fauteuil a appartenu à Molière, en personne.

La fin de l'entracte a sonné et chacun a dû regagner sa place.

et elle n'en avait compté que deux en robe longue

Elle les avait déjà quittés car elle jouait dans l'acte suivant.

Quand le rideau est tombé, au premier entracte, M. Thomasson et sa petite-fille ont emmené leurs amis au «foyer». A la Comédie-Française, le foyer est une grande salle, très belle. Le public peut s'y promener entre les actes du spectacle.

Marie et Pierre y ont repéré un vieux fauteuil, près de la cheminée.

Monsieur Thomasson leur a raconté :

– Regardez-le bien. Certes, il est vieux et sale, mais ne vous en moquez pas. Ce fauteuil a appartenu à Molière, en personne. Il l'a utilisé sur scène jusqu'à ses dernières représentations, peu de temps avant sa mort. Vous avez de la chance de pouvoir admirer ce fauteuil car on ne le montre pas souvent au public. Bien sûr on ne l'utilise plus en tant que tel, mais cet objet est hautement symbolique.

La fin de l'entracte a sonné et chacun a dû regagner sa place.

Marie avait soigneusement observé les tenues des jeunes filles françaises et elle n'en avait compté que deux en robe longue. Un peu plus tôt, Blanche lui avait dit :

– Qu'est-ce qu'elle est belle, ta robe! J'adore les robes longues, c'est plus du tout à la mode.

A ces paroles Marie était devenue toute rouge. Elle était contente des compliments de Blanche au sujet de sa robe.

Au deuxième entracte, Blanche a proposé à Marie et à Pierre d'aller au foyer des artistes pour leur présenter son amie Madeleine.

La jeune actrice les a reçus avec un grand sourire.

– Blanche m'a déjà parlé de vous. Elle m'a dit que vous aviez rencontré son grand-père sur un bateau-mouche, c'est ça? Attendez-moi à la fin du spectacle. Nous finirons la soirée à la maison. Vous aimez la représentation, j'espère. Vous m'en parlerez tout à l'heure.

Ni Marie, ni Pierre n'avaient pu répondre. Elle les avait déjà quittés car elle jouait dans l'acte suivant.

Blanche a insisté :

– Vous devez accepter cette invitation! Vous verrez, Madeleine est absolument GENIALE. En plus c'est toujours gai chez elle. Nous viendrons l'attendre à la fin du dernier acte.

제17과

첫 번째 막간 휴식 시간에 막이 떨어졌을 때 또마쏭씨와 그의 손녀는 그들의 친구들을 휴게실로 데리고 갔다. 꼬메디-프랑쎄즈의 휴게실은 크고 매우 아름다운 홀이다. 관객은 관람의 막간들 사이에 그곳에서 거닐 수 있다.

마리와 삐에르는 그곳의 벽난로 근처에서 오래된 소파 하나를 발견했다.

또마쏭씨는 그들에게 다음과 같이 말했다 :

- 저것을 잘 보세요. 물론 그것은 오래되고 더럽지만 우습게보면 안됩니다. 이 소파는 바로 몰리에르 자신의 것이었습니다. 그는 사망하기 직전에 자신의 마지막 공연들에서 까지 그것을 무대 위에서 사용했었습니다. 여러분들이 이 소파를 감상할 수 있다는 것이 매우 행운입니다. 왜냐하면 그것을 자주 관객에게 보여주지 않기 때문이죠. 물론 그것을 그 자체로서는 더 이상 사용하지 않고 있습니다. 하지만 그 물건은 분명히 상징적 의미가 있는거죠.

막간 휴식 시간의 종료 종이 울렸고 각자는 자신의 자리로 다시 돌아와야만 했다.

마리는 프랑스 소녀들의 옷차림을 뚫어져라 관찰했다. 그녀는 긴 원피스를 입고 있는 소녀들은 단지 두 명만 셀 수 있었다. 잠시 후 블랑슈가 그녀에 말했다 :

- 너의 원피스는 정말 너무 아름답다! 나는 긴 원피스를 아주 좋아해. 그것은 다른 사람들의 유행을 따르는 것이 아니거든.

- 이 말에 마리는 얼굴이 아주 빨갛게 되었다. 자신의 원피스에 대한 블랑슈의 칭찬에 대해서 기뻐했다.

두 번째 막간 휴식 시간에 블랑슈는 마리와 삐에르에게 자신의 친구인 마들렌을 소개시켜 주기 위하여 배우들의 휴게실로 가자고 제안했다.

젊은 여배우는 그들을 환한 미소와 함께 맞이했다.

꼬메디-프랑쎄즈에서의 저녁 시간 2

- 블랑슈가 저에게 이미 당신들에 대해서 말해줬답니다. 유람선 위에서 그녀의 할아버지를 만나셨다고 하던데 맞죠? 연극이 끝날 때 까지 기다려 주세요. 집에서 파티하면서 저녁 시간을 보내기로 하죠. 공연이 마음에 드시길 바랍니다. 이따가 공연에 대해서 이야기 해주세요.

마리도 삐에르도 대답할 수가 없었다. 그녀는 다음 막에서 연기를 해야 했기 때문에 이미 그들을 떠났다.

블랑슈는 힘주어 말했다 :

- 여러분은 이 초대를 받아들이셔도 됩니다! 아시게 되겠지만, 마들렌은 정말이지 최고랍니다. 더군다나, 그녀는 집에서는 항상 쾌활하거든요. 마지막 막이 끝날 때 그녀를 기다리러 갑시다.

알고가요

l'entracte (m.) : (연극 등) 막간 휴식 시간

emmener : 데리고 가다

le foyer : 휴게실, 매점, 난로, 가정, 기숙사

repérer : 알아보다, 찾아내다

certes : 물론

sale : 더러운 ↔ propre 깨끗한

se moquer de ~ : ~를 비웃다

appartenir à ~ : ~의 것이다

en personne : 본인이 직접, 본인이 몸소

sur scène : 무대 위에서, 장면에서

en tant que tel : 그 자체는, 그 자체로서

hautement : 매우, 아주

regagner : (~로) 되돌아오다 - 뒤에 전치사를 안 쓴다는 것에 주의

soigneusement : 세밀하게, 철저하게

la tenue : 옷차림, 태도, 자세

un peu plus tôt : 바로, 즉시

plus du tout : 전혀 아니다 (= pas du tout)

à la mode : 유행을 따르는

A ces paroles : 이 말에

le compliment : 칭찬, 축하

au sujet de ~ : ~에 대해서

le sourire : 미소

finir la soirée : 파티를 하며 저녁 시간을 보내다

j'espère : 내가 바라건데

suivant,e : 다음의

génial,e : 멋진, 대단한

insister : 주장하다, 고집을 부리다

en plus : 게다가, 더군다나

 조금만 더

* proposer à qn de +inf : ~에게 ~할 것을 제안하다

1. 중성 대명사 en

중성 대명사 en은 보통 "de + 명사"를 대신해서 받는다.
Il parle de cette ville. 그는 이 도시에 대해서 이야기 하고 있다.
→ Il **en** parle. 그는 그것에 대하여 말한다.

그러나 "de +사람"이나 "de +강세형(인칭)"등은 en으로 받을 수 없다.
Il parle de sa sœur. 그는 그의 여동생에 대해서 이야기 한다.
→ Il parle **d'elle.**
Il se moque **de nous.** 그가 우리를 비웃고 있다.

즉, 인칭대명사는 "de +강세형"으로 해주어야 한다.

> **참고** Vous vous servez **de ce fauteuil.** 당신은 이 안락의자를 사용합니다.
> → Vous vous **en** servez. 당신이 그것을 사용한다.
> 명령법 → Servez-vous-**en.** 그것을 사용하십시오.

2. 본문 구문 연구

Marie avait soigneusement observé les tenues des jeunes filles françaises et elle n'en avait compté que deux en robe longue.

중성 대명사 en 다음에 수 형용사가 나오면 "~중의 몇~"으로 해석한다.
위의 문장에서 en은 des jeunes filles를 받은 것이다.

즉, 긴 원피스를 입고 있는 사람은 소녀들 중 단지 두 명이라는 것을 알려주고 있다.

Elle en a deux. 그녀는 그것들 중에 두 개를 갖고 있다.
Ils en ont besoin trois. 그들은 그것들 중의 세 개가 필요하다.

3. 원인의 전치사 de ~ (~때문에)

Elle est devenue rose **de plaisir.** 그녀는 기뻐서 얼굴이 붉어졌다.
Elle est punie **de ses fautes.** 그녀는 자기의 과실로 벌을 받았다.
Elle est blanche **de peur.** 그녀는 무서워서 얼굴이 하얗게 질렸다.

4. 명령문에서 donc을 쓰면 강조의 의미를 나타낸다. 번역상에는 큰 차이가 없지만 프랑스어의 표현에 있어서는 어느 정도의 강조의 의미를 갖는다.

Venez par ici. 이쪽으로 오세요.
Venez **donc** par ici. 어서 이쪽으로 오세요.

Taisez-vous! 조용히 하세요! (se taire : 침묵을 지키다.)
Taisez-vous **donc!** 조용히 좀 하세요!

5. tout à l'heure : 조금 후에, 조금 전에

이 표현은 **미래 및 과거**에서 다 쓰일 수 있다.
Il **va aller** au cinéma **tout à l'heure.** 그는 곧 영화관에 갈 것이다.
Tout à l'heure, il **est tombé** un peu de neige. 조금 전에 눈이 좀 내렸다.

회화체에서 **A tout à l'heure!**는 "안녕" "이따 봐" 의 뜻을 갖는다.

6. 대과거는 '과거 속의 과거' 를 나타낸다.

Elle m'**a dit** que vous **aviez rencontré** son grand père sur un bateau-mouche. 당신이 그녀의 할아버지를 유람선 위에서 만났다고 그녀가 나에게 말했다. (이 문장에서 말한 것은 **복합 과거**인데 만난 것은 한 시제 빠른 **대과거**로 되어 있다. 즉, 과거에 말했었던 것 보다 더 과거에 만난 것이 되므로 대과거를 쓴 것이다. 이를 프랑스어 문법에서는 '과거 속의 과거'라 한다.)

Leçon

18

La rencontre (1)

🎧 미리 들어 보세요.

Il faisait doux, les fleurs et les plantes diffusaient leurs senteurs.

elle marchait tranquillement dans une allée quand elle a entendu quelqu'un l'appeler

C'était une voix qui ne lui était pas inconnue.

Mais toi, tu ne devais pas venir en France. Tu ne me l'avais pas dit.

Mon professeur de français a réussi à m'obtenir une bourse d'études de 2,000 euros.

En arrivant je suis allée dans un bureau d'accueil pour les étudiants étrangers.

Oui, pourquoi pas? J'avais prévu d'y déjeuner avec Pierre un jour, cette semaine.

Leçon 18

Ce matin-là, il faisait très beau. Comme Pierre ne voulait pas sortir, Marie est partie seule se promener au Jardin des Plantes. Il faisait doux, les fleurs et les plantes diffusaient leurs senteurs, elle marchait tranquillement dans une allée quand elle a entendu quelqu'un l'appeler.

- Marie! Marie!

C'était une voix qui ne lui était pas inconnue. C'était celle d'Elisabeth, une camarade de classe.

- Salut, Marie. Qu'est-ce que tu fais là?

- Oh! Quelle surprise! Ben, moi, comme tu sais, je suis en vacances à Paris avec mon frère. Mais toi, tu ne devais pas venir en France. Tu ne me l'avais pas dit.

- Attends que je t'explique. Mon professeur de français a réussi à m'obtenir une bourse d'études de 2,000 (deux mille) euros, alors j'ai décidé de partir tout de suite.

- Ça me fait vraiment plaisir de te revoir, en plus à Paris. Tu habites près d'ici?
- Non, je loge à la Cité Universitaire. En arrivant je suis allée dans un bureau d'accueil pour les étudiants étrangers, et le directeur m'a dit:
- Vous pourrez très probablement trouver une chambre libre à la Cité Universitaire, parce que c'est l'été et parce que les étudiants étaient partis en vacances.

Finalement, il m'a trouvé une chambre à la maison Internationale.

- C'est bien là-bas?

- Oui, c'est très confortable. Je vais être triste quand je vais devoir partir.

- Tu connais le restaurant de la Cité Universitaire? On m'en a parlé.

- Bien sûr. Tu veux y venir?

- Oui, pourquoi pas. J'avais prévu d'y déjeuner avec Pierre un jour, cette semaine.

- Si vous voulez, vous pouvez venir vendredi. Je vous attendrai boulevard Jourdan.

- Ah oui. Ce sera super.

- Ça me fait tellement plaisir de vous revoir tous les deux. Et après le déjeuner on pourra aller se promener dans Paris, tous les trois. Je sens qu'on va passer un bon moment. A vendredi.

그날 아침은 매우 날씨가 좋았다. 삐에르는 외출하기를 원하지 않았기 때문에 마리는 혼자서 식물원으로 산책하러 떠났다. 날씨는 온화했고 꽃들과 식물들은 그들의 향기를 발산하고 있었다. 그녀는 조용히 오솔길에서 걷고 있었는데 바로 그때 누군가가 그녀를 부르는 소리가 들렸다 :

– 마리! 마리!

그것은 그녀에게 낯선 목소리가 아니었다. 바로 학과 친구인 엘리자베뜨의 목소리였다.

– 안녕, 마리! 너는 여기서 뭐하고 있니?

– 오! 얼마나 놀라운지! 음, 나는 너도 알다시피 오빠와 빠리에서 휴가 중이야. 그런데 네가 빠리에 와 있을리가 없었는데. 나에게 말을 안했었잖아.

– 기다려봐. 설명해줄게. 나의 프랑스어 교수님이 나에게 2천 유로의 학업 장학금을 얻도록 해주었어. 그래서 바로 떠나기로 결심했지.

– 너를 다시 보게 되다니 정말로 기쁘다. 더구나 빠리에서. 이 근처에서 사니?

– 아니, 국제 기숙사 촌에서 묵고 있어. 도착하면서 나는 외국 학생들을 위한 안내 사무실에 갔어. 그 책임자가 말해주었어 :

– 지금은 여름이라 학생들이 휴가를 떠났기 때문에 당신은 아마도 국제 기숙사 촌에서 빈 방 하나를 구하실 수 있을 것입니다.

결국 그가 나에게 국제 기숙사에 있는 방 하나를 구해주었어.

– 괜찮니?

– 응, 매우 편해. 내가 떠나야만 하게 될 때 슬퍼질거야.

만남 1

- 국제 기숙사 촌의 레스토랑을 아니? 사람들이 나에게 이야기 하던데.

- 물론이지. 그곳에 오기를 원하니?

- 응, 좋아. 이번주 어느날인가 삐에르와 함께 그곳에서 점심 식사하기로 계획했었거든.

- 너희들이 원하면 금요일에 오면 돼. 주르당 가에서 기다릴테니.

- 아, 그래. 멋지겠다.

- 너희 둘을 다시 만난다는 것이 너무 기뻐. 그리고 점심 식사 후에 셋이서 빠리에서 산책이나 하자. 좋은 시간을 보내게 될 것 같아. 금요일에 보자.

 # 알고가요

ce matin-là : 그날 아침 (-là 는 과거를 나타낸다.), ce soir-là 그날 저녁, cette année-là 그해)

comme : ~이기 때문에, ~할 때에, ~처럼, 얼마나(감탄)~

doux : 온화한, 부드러운

la plante : 식물

diffuser : 발산하다, 방출하다, 방송하다

le senteur : 향기, 냄새

l'allée (f.) : 오솔길, 좁은길

quelqu'un : 누군가 (= qn)

la voix : 목소리

inconnu,e : 모르는, 생소한

la bourse : 장학금 (obtenir une bourse 장학금을 받다)

tout de suite : 즉시, 당장 (= immédiatement)

vraiment : 정말로

loger : 거주하다, 묵다

le bureau d'accueil : 접수처, 안내소

probablement : 아마도

la Cité Universitaire : 대학생 국제 기숙사 촌

finalement : 마침내, 드디어

super : 멋진, 훌륭한

 조금만 더

* ça me fait plaisir de + inf : ~하는 것은 나를 기쁘게 한다
* pourquoi pas? : 좋다, 왜 안 되겠어 - 상대방의 말에 찬성하는 표현
* prévoir de + inf : ~할 것을 계획하다
* On pourra + inf : ~하자, ~합시다 (청유형 명령)
* sentir que ~ : ~를 느끼다
* A + 요일 : ~요일에 만납시다, ~요일에 만나자
* réussir à + inf : ~하는데 성공하다

핵심 콕 머리 쏙

1. 왕래 발착을 나타내는 동사 다음에 원형이 오면 목적의 의미를 갖는다.

Il est parti dans un jardin se promener. 그는 정원에서 산책하러 떠났다.
Il va au marché acheter des légumes. 그는 채소를 사러 시장으로 간다.

2. 상태의 동사 + 형용사

상태의 동사 다음에 형용사가 오면, 그 형용사는 주어의 성과 수에 일치시켜 주어야 한다.

Elle est **bonne.** 그것은 좋다.
Ils sont **chers.** 그것들은 비싸다.
Elle paraît **gentille.** 그녀는 친절한 것 같다.

상태의 동사 : être, devenir, paraître, sembler 등.

cf **Elle** sent **bon.** 그것은 냄새가 좋다. - sentir 냄새 맡다, 느끼다.
Elle coûte **cher.** 그것은 비싸다.

이럴 경우에 bon과 cher는 **부사**로 쓰인 것이므로 절대로 **불변**한다.

3. 감탄 형용사

Quel + 남성 단수 명사
Quelle + 여성 단수 명사
Quels + 남성 복수 명사
Quelles + 여성 복수 명사

감탄 형용사의 문장은 감탄 형용사에 강세를 주고 끝은 내려 읽는다.

Quel merveilleux **accueil** vous nous avez fait!
당신이 우리에게 했던 접대는 얼마나 놀라왔는지!

4. 주격 관계대명사 qui

qui는 주어를 대신하여 받는 주격 관계대명사로도 쓰인다.

* Je connais la dame. Elle est devant le magasin.

→ Je connais la dame qui est devant le magasin.
나는 그 상점 앞에 있는 부인을 알고 있다.

* Voici une étudiante coréenne. Elle parle français couramment.

→ Voici une étudiante coréenne qui parle français couramment.
여기에 프랑스어를 유창하게 말하는 한국 여학생이 있다.

5. 왕래 발착 동사라 해도 타동사로 쓰이면 복합 시제에서 조동사를 avoir 로 한다.

Elle **a** descendu la colline. 그녀가 언덕을 내려갔다.
Elle **a** sorti son chien à 7 heures. 그녀가 7시에 개를 데리고 나갔다.
Elle **a** monté l'escalier. 그녀가 계단을 올라갔다.
cf Elle **est** descendue dans le jardin. 그녀가 정원으로 내려갔다.

6. 지시 대명사

celui - 남성 단수
celle - 여성 단수
ceux - 남성 복수
celles - 여성 복수

앞에서 한 번 나온 명사를 다시 받을 때 쓰인다.
보통 뒤에 전치사 de 나 관계 대명사가 온다.

C'était **une voix** connue ; **celle** d'Elisabeth, une camarade de classe.
그것은 아는 목소리였다. 학급 동료인 엘리자베뜨의 목소리였다.

위 문장에서 celle 은 앞 문장의 une voix 를 받는다.

Leçon

19

La rencontre (2)

🎵 미리 들어 보세요.

Après s'être mise d'accord pour déjeuner ensemble au restaurant de la Cité Universitaire

Tu assistes aux cours d'été de la Sorbonne?

J'ai toujours voulu suivre les cours de Civilisation Française de la Sorbonne.

Il est plus tard que ce que je pensais.

A bavarder ensemble, je n'ai pas vu le temps passer.

C'est justement ce que j'étais en train de me dire ce matin.

Nous sommes venus en tant que touristes.

je suis bien heureuse de pouvoir me promener librement et de profiter du soleil

Ma porte sera toujours grande ouverte pour lui.

Passe le bonjour à ton frère et à vendredi!

Leçon 19

Marie et Elisabeth viennent de se rencontrer au Jardin des Plantes. Après s'être mises d'accord pour déjeuner ensemble au restaurant de la Cité Universitaire ce vendredi, elles parlent de leur séjour à Paris. Elisabeth a plein de choses à raconter à son amie. La conversation continue et Marie demande à son amie.

- Est-ce que tu vas rester à Paris tout l'été? Tu assistes aux cours d'été de la Sorbonne?

- Oui, naturellement. Je me suis inscrite au programme de quatre semaines. J'ai toujours voulu suivre les cours de Civilisation Française de la Sorbonne comme tu le sais. Et maintenant, je vais enfin pouvoir le faire. Tu te rends compte? Ensuite je vais aller en Bretagne visiter le Mont-Saint-Michel. C'est un voyage de l'O.T.U.

- Qu'est-ce que c'est, l'O.T.U?

- Quoi? Tu ne connais pas l'Office de Tourisme Universitaire? C'est un bureau situé près de la Sorbonne. Ils organisent des voyages pour les étudiants et les professeurs.

- Pour les étudiants étrangers aussi?

- Bien sûr.

- Oh, mince. Il est plus tard que ce que je pensais. A bavarder ensemble, je n'ai pas vu le temps passer. Je dois te laisser maintenant. J'ai promis à Pierre de rentrer pour déjeuner avec lui.

- Vous êtes à l'hôtel?

- Oui, l'Hôtel des Grands Hommes, en face du Panthéon.

- Ah oui! Je m'en souviens. Le Panthéon c'est près de la Sorbonne, dans le quartier latin? Voltaire et Victor Hugo y sont enterrés, n'est-ce pas? Vous avez de la chance d'être dans un pareil hôtel.

- C'est justement ce que j'étais en train de me dire ce matin. C'est grâce à notre connaissance de Mme Poquelin. C'est elle qui nous a trouvé cet hôtel. Comme ni Pierre, ni moi ne sommes étudiants, nous ne pouvons pas résider à la Cité Universitaire. Nous sommes venus en tant que touristes. Personnellement j'en suis très contente parce qu'après l'année scolaire que j'ai passée, je suis bien heureuse de pouvoir me promener librement et de profiter du soleil. Mais Pierre regrette un peu de ne pas être au milieu des étudiants.

- Alors, dis-lui de venir me voir quand il veut. Ma porte sera toujours grande ouverte pour lui. Passe le bonjour à ton frère et à vendredi!

제19과

마리와 엘리자베뜨는 식물원에서 방금 만났다. 이번 금요일에 국제 기숙사 촌 레스토랑에서 함께 점심 식사를 하기로 의견의 일치를 본 후에, 그녀들은 빠리에서의 체류에 대해서 말하고 있다. 엘리자베뜨는 친구에게 이야기 할 것이 많다. 대화는 계속 이어지고, 마리가 친구에게 말한다 :

- 너는 여름내내 빠리에 머무를거니? 너는 쏘르본 여름 강좌를 듣고 있니?

- 응, 물론이지. 나는 4주 프로그램에 등록했어. 너도 알다시피, 나는 쏘르본의 프랑스 문화 강좌 수업을 늘 받고 싶었어. 지금은 마침내 그렇게 할 수 있게 될거야. 너도 알지? 그리고 나는 브르따뉴 지방에 있는 몽-쎙-미셸을 방문하러 갈거야. 그것은 l'OTU 여행이야.

- l'OTU 가 뭔데?

- 뭐? 너는 대학 관광 사무국을 모르니? 그것은 쏘르본 근처에 위치해 있는 사무실이야. 그들은 학생들과 교수님들을 위한 여행을 계획하지.

- 외국 학생들을 위해서도?

- 물론.

- 오, 이런. 생각보다 많이 늦었네. 함께 수다를 떨다보니, 시간이 지나는 것을 몰랐네. 지금 나는 가야 되겠다. 삐에르에게 그와 함께 점심 식사를 하러 돌아갈거라 약속했거든.

- 너희들은 호텔에 있니?

- 응, 빵떼옹 바로 앞에 있는 그랑좀 호텔이야.

- 아, 맞어. 기억나. 빵떼옹, 그것은 쏘르본 근처 라땡 구역에 있어. 볼떼르와 빅또르 위고가 그 곳에 묻혀있지, 그렇지 않아? 그런 호텔에 있다니 너희들은 운이 좋다.

– 때마침 나도 오늘 아침에 그렇게 생각하고 있었어. 뽀끌랭 부인을 알게된 덕택이지. 그 호텔을 구해준 사람이 바로 그녀였어. 삐에르도 나도 학생들이 아니기 때문에 우리는 국제 기숙사 촌에서 거주할 수가 없어. 우리는 여행자 자격으로 왔거든. 새 학기를 보낸 후에 자유롭게 산책할 수 있고, 햇빛을 만끽할 수 있게 되어서 무척 행복하기 때문에 개인적으로 매우 만족하고 있어. 그러나 삐에르는 학생들과 함께 있지 못해서 조금 아쉬워하고 있지.

– 그러면 그가 원할 때 나를 보러 오라고 그에게 말해줘. 그에게 내가 항상 문을 열어둘테니. 오빠에게 안부전하고 금요일에 보자.

se rencontrer : 서로 만나다 - 상호적 대명동사

se mettre d'accord (avec qn) : ~와 의견의 일치를 보다

assister à ~ : ~에 참석하다

s'inscrire : 등록하다

comme : ~처럼, ~이듯이, ~하듯이

le faire : 그렇게 하다 - le 는 중성 대명사로서 바로 앞의 내용을 받는다.

se rendre compte : 이해하다, 알다

mince : (감탄이나 실망) 이런, 저런, 날씬한

grâce à ~ : ~ 덕택에

la connaissance : 지인, 지식

résider : 살다, 거주하다

en tant que ~ : ~로서 (= comme)

personnellement : 개인적으로

l'année scolaire : 신학기

librement : 자유롭게

profiter de ~ : ~를 유리하게 이용하다, ~를 만끽하다

passer le bonjour à ~ : ~에게 안부를 전하다

 조금만 더

* plus + 형용사, 부사 que ~ : ~보다 더 (우등 비교)
* plein de + 명사 : 많은 ~

* ce que je pensais : 내가 생각했던 것 - ce que는 선행사 포함 관계 대명사이며 뒤에 주어, 동사를 이끈다. (ce qui는 뒤에 바로 동사가 나온다. J'aime ce qui est beau. 나는 아름다운 것을 좋아한다.)

* A bavarder ensemble : 함께 수다를 떨다보니 - A + inf (~하니, ~하면)
* promettre à qn de + inf : ~에게 ~할 것을 약속하다
* en train de + inf : ~하고 있는 중인 - 현재 진행을 강조할 때 쓰인다.
* C'est + 주어 + qui ~ : ~한 것은 바로 ~이다 - 주어 강조 구문
* regretter de + inf : ~하는 것을 아쉬워하다, 후회하다

1. 준 조동사 : aller, venir, pouvoir, vouloir

준 조동사는 다음에 동사의 원형을 유도하며, 특별한 표현을 만들기도 한다.

aller + inf : 근접 미래 - 곧 ~할 것이다
venir de + inf : 근접 과거 - 방금 ~했다

근접 미래는 현재에서 보다 가까운 미래를 근접 과거는 현재에서 보다 가까운 과거를 나타낸다. 회화에서 빈번하게 쓰이는 표현이다.

Je vais aller au musée. 나는 박물관에 곧 갈 것이다.
Je viens d'acheter une voiture. 나는 지금 막 자동차 한대를 샀다.

준 조동사가 있는 문장에서 대명사(직접 및 간접 목적 보어, 중성)는 준 조동사와 원형 동사 사이에 들어간다.

Je veux acheter des robes neuves. 나는 새 옷들을 사고 싶다.
→ Je veux **en** acheter.

Elle va aller à l'école. 그녀는 학교에 곧 갈 것이다.
→ Elle va **y** aller.

그러나 지각 동사나 사역 동사의 표현에서 대명사의 위치는 첫 동사 앞이다.

Elle regarde voler les oiseaux. 그녀는 새들이 나르는 것을 바라본다.
→ Elle **les** regarde voler.

2. 명령법의 화법 전환

직접 화법에서의 명령법은 간접 화법으로 바뀔때에 "de + inf."의 형태를 취한다.

Elle me demande, "Venez **me** voir souvent."
그녀는 나에게 요구한다. "나를 보러 자주 와."
→ Elle me demande **de** venir **la** voir souvent.
그녀는 나에게 자기를 보러 자주 올 것을 요구한다.

Ils me disent, "Sois calme." 그들이 나에게 말한다. "조용히 해."
→ Ils me disent **d'**être calme. 그들이 나에게 조용히 하라고 이야기한다.

être의 명령법은 sois, soyons, soyez 등이다.

3. 부정법 (동사 원형)

부정법은 동사의 원형을 말하며, 명령법 대신에 쓰이기도 한다.

– 주어로 쓰인 경우
Aimer quelqu'un, c'est bon. 누군가를 사랑한다는 것은 좋은 것이다.
– 주어와 속사로 쓰인 경우
Vouloir, c'est **pouvoir.** 원한다는 것은 가능하다는 것이다.
– 직접 목적 보어로 쓰인 경우
Elle veut **écrire** et **lire.** 그녀는 쓰고 읽기를 바란다.
–명령법으로 쓰인 경우
Ne pas se décourager. 낙담하지 마시오.

→ **Ne** vous découragez **pas.** - 동사가 변화되어 있을 때에는 동사 앞·뒤에 부정의 표현들을 놓는다.

동사원형의 부정 표현은 부정을 나타내는 부사들을 모두 동사원형 앞에 놓는다.

Elle est très contente de **ne plus** les voir.
그녀는 그들을 더 이상 안 보게 되어서 매우 기쁘다.

4. 부정대명사 quelque chose

quelque chose 다음에 형용사를 써서 quelque chose를 수식해줄 경우에는 반드시 전치사 de를 써야 하며, 이럴 경우의 형용사는 중성으로서 성, 수에 아무런 변화가 없다.

Il cherche quelque chose d'utile à coudre.
그는 꿰매는데 필요한 무엇인가를 찾고 있다.
Elle cherche quelque chose de beau.
그녀는 아름다운 무엇인가를 찾고 있다.

부정 표현은 "ne ~ rien de + 형용사"이다.

Elle **ne** cherche **rien de** simple.
그녀는 소박한 무엇인가를 전혀 찾지 않는다.

5. 목적격 관계대명사 que

que는 직접 목적보어를 대신하여 받는 목적격 관계대명사로도 쓰인다.
이럴 경우에 복합시제 문장에서 직접목적보어가 앞으로 나가면 과거분사를 그 목적어에 반드시 성수 일치를 해야 한다.

C'est la porte. Il a ouvert cette porte.
→ C'est la porte qu'il a ouverte. 이것이 그가 열어 놨던 문이다.

* 회화 작문에 필요한 필수 표현 정리

1. 원인 + c'est pourquoi +결과 = 결과 + parce que +원인

Je ne lis pas ce livre parce qu'il m'ennuie.
이 책은 나를 지루하게 하기 때문에 안 읽을래.

= Ce livre m'ennuie c'est pourquoi je ne le lis pas.
이 책은 나를 지루하게 해. 그래서 나는 안 읽을거야.

2. ne – jamais A sans B : A하면 반드시 B 한다

Je ne passe jamais devant ce café sans y boire un demi.
나는 이 까페 앞을 지나게 되면 반드시 거기서 생맥주 한 잔을 마셔.

3. ressembler à ~ : ~를 닮다

Je ressemle à ma mère.
나는 엄마를 닮았어.

4. perdre 시간 à inf : -하면서 시간을 잃다

Je perds tant de temps à rendre ma chambre propre.
나는 내 방을 깨끗하게 하는데 너무나도 많은 시간을 잃고 있다.

5. décider de inf = se décider à inf : -할 것을 결심하다

J'ai décidé de prendre le métro pour aller à l'Opéra.
= Je me suis décidé à prendre le métro pour aller à l'Opéra.
나는 오뻬라에 가기 위해서 지하철을 타기로 했다.

20

Pierre aime les jardins

🎵·· 미리 들어 보세요.

Comme Pierre reste toujours pragmatique,

il n'oublie jamais tout à fait le côté pratique et matériel des choses de la vie

Je dois me laver les cheveux et les faire sécher.

Et puis il faut faire la lessive, balayer le sol, ranger tout ce désordre, faire la vaisselle.

Mais je me demande bien ce que je vais pouvoir faire jusqu'à midi,

surtout qu'il n'y a presque que des photos

Tiens! Et si j'allais chez le coiffeur?

Je me fais couper les cheveux.

Tu n'auras qu'à m'y rejoindre à l'heure du déjeuner.

Il faisait très chaud ce matin-là. La veille, les deux jeunes gens avaient déjeuné avec Elisabeth, et Pierre était resté en admiration devant les jardins de la Cité Universitaire. Il avait pensé :

- Comme notre amie a de la chance d'habiter au milieu d'un aussi beau parc! C'est bien plus agréable et ça coûte certainement moins cher que notre hôtel.» Comme Pierre reste toujours pragmatique, il n'oublie jamais tout à fait le côté pratique et matériel des choses de la vie.

- Marie! Sortons! Il fait trop chaud dans cette chambre. J'étouffe. Allons au jardin du Luxembourg. J'en profiterai pour lire le livre qu'Elisabeth m'a prêté au sujet des châteaux français. Comme ça, je connaîtrai un peu mieux les châteaux de Versailles et de Fontainebleau pour le jour où nous les visiterons. Je dois aussi écrire à mon ami Henri. J'avais promis de lui écrire dès mon arrivée, mais je ne l'ai toujours pas fait.

- Ce ne sera pas de refus mais j'ai trop de choses à faire. Je dois me laver les cheveux et les faire sécher. Je veux aussi relire la lettre de maman, je l'ai lue trop vite hier. Et puis il faut faire la lessive, balayer le sol, ranger tout ce désordre, faire la vaisselle d'hier soir. Vas-y seul, je t'y rejoindrai vers midi.

- D'accord. Mais je me demande bien ce que je vais pouvoir faire jusqu'à midi, parce qu'il n'est que huit heures du matin et ça ne va pas me prendre quatre heures pour écrire une lettre et lire le livre d'Elisabeth, surtout qu'il n'y a presque que des photos. Tiens! Et si j'allais chez le coiffeur? Je me fais couper les cheveux. Et puis j'irai prendre l'apéritif à la terrasse du restaurant de la rue des Ecoles. Tu n'auras qu'à m'y rejoindre à l'heure du déjeuner.

삐에르는 정원을 좋아 한다

그날 아침은 매우 더웠다. 그 전날에 두 젊은이들은 엘리자베뜨와 함께 점심 식사를 했다. 삐에르는 국제 기숙사 촌의 정원 앞에서 매우 감탄해 했다. 그는 생각했다 : 《우리의 친구가 이렇게 아름다운 정원 한 가운데에서 살고 있다니 얼마나 운이 좋은건지! 우리 호텔보다 훨씬 더 쾌적하고 확실히 비용도 덜 들고.》 삐에르는 늘 실리적이기 때문에 생활에서 현실적이고 물질적인 면을 결코 절대로 잊지 않고 있다.

– 마리! 나가자! 이 방안이 너무 더워. 숨이 막힐 지경이야! 뤽쌍부르 정원에 가자. 엘리자베뜨가 나에게 빌려준 프랑스 성들에 관한 책을 읽기에 좋을거야. 그렇게되면, 우리가 베르사이유 성과 퐁텐블로 성을 방문하게 될 때 이 성들에 대해서 좀 더 잘 알게 될거야. 나는 또 내 친구 앙리에게 편지를 써야돼. 내가 도착하자마자 그에게 편지쓰기로 약속을 했었는데 아직까지도 못했거든.

– 거절하는건 아니지만, 나는 할 일이 너무 많아. 머리 감고, 머리카락을 말려야돼. 그리고 엄마의 편지를 다시 읽을거야. 어제 너무 빨리 읽었거든. 그리고 빨래를 해야 되고, 바닥을 쓸어야 하고, 어질러져 있는 모든 것을 정돈해야 되고, 어제 저녁 사용한 식기를 설거지해야 돼. 혼자 가. 정오 경에 오빠를 만나러 그 곳으로 갈테니까.

– 좋아. 정오까지 무엇을 할 수 있게 될지 생각중이야. 왜냐하면 이제 겨우 8시이니까. 편지 쓰고 엘리자베뜨의 책을 읽는데는 4시간이 걸리지는 않을거야. 특히 책에는 거의 사진들만 있어. 아! 미용실에나 갈까? 머리 자를 때가 되었는데. 그리고 에꼴 가의 레스토랑 테라스로 아뻬리띠프 한 잔하러 가야지. 그럼 너는 점심 식사 시간 때 나를 만나러 오기만 하면 될거야.

알고가요

la veille : 그 전날 ↔ le lendemain 그 이튿날

rester en admiration devant ~ : ~에 감탄해 하다

moins ~ que ~ : ~보다 덜 ~한(열등 비교) ↔ plus ~ que ~(우등 비교)

comme : 얼마나 ~ 한지 (감탄), ~이기 때문에, ~할 때에

pragmatique : 실리적인, 실질적인

le côté : 면, 측면

tout à fait : 완전히 (= complètement)

étouffer : 숨 막히다

profiter de ~ : ~을 이용하다

au sujet de ~ : ~에 관하여 (= à propos de ~)

dès ~ : ~하자마자 - dès mon arrivée : 내가 도착하자마자

le refus : 거절, 거부 - Ce n'est pas de refus. (구어) 기꺼이 받아들이다

se laver les cheveux : 머리를 감다

sécher : 말리다, 건조하게 하다

faire la lessive : 빨래하다

balayer le sol : 바닥을 쓸다

le désordre : 어질러짐, 무질서

faire la vaisselle : 설거지하다

rejoindre : 다시 만나다

D'accord : 좋다, 찬성이다

ce que : 무엇, ~할 것

surtout que ~ : ~이니 만큼 더욱 더

chez le coiffeur : 미용실에, 이발소에

se faire couper les cheveux : 머리를 자르다

l'apéritif (m.) : 아페리티프, 식전술

* 선행사 + que ~ : 목적격 관계 대명사
* 선행사(장소, 시간) + où ~ : 장소 및 시간의 관계 대명사
* aussi + 형용사, 부사 : 그렇게도 ~, 그처럼~
* prendre + 시간 : ~의 시간이 걸리다
* Si + 반과거? : ~나 할까? - Si on allait au café? - 까페에나 갈까?
* n'avoir qu'à + inf : ~하기만 하면 된다

* que 는 목적격 관계 대명사로 쓰이기도 한다.

Voici le livre que j'ai acheté hier. 여기에 어제 내가 산 책이 있다.

Il regarde la voiture que sa femme a achetée.

그는 부인이 산 차를 보고 있다. - 직접 목적어가 앞으로 나갔으므로 achtée로 성
이 일치되어 되어 있다.

* où 는 장소 및 시간의 관계 대명사로도 쓰인다.

C'est le village où je suis né. 그곳이 내가 태어난 마을이다.

Je me souviens du jour où elle est morte. 나는 그녀가 죽은 그 날을 기억하고 있다.
- se souvenir de ~(~를 회상하다)

cf Je ne sais pas où elle est. 나는 그녀가 어디에 있는지 모른다.
- 선행사가 없으므로 목적절을 이끌어 주는 의문사로 쓰인 것이다.

Où allez-vous? 어디 가십니까? - 의문 대명사로 쓰였다.

핵심 콕 머리 쏙

1. 시간의 표현

il y a trois ans 3년 전에 / trois ans avant 그 3년 전
la semaine dernière 지난 주 / la semaine précédente 그 앞선 주

avant-hier 그저께 / l'avant-veille 그 전전날

hier 어저께 / **la veille** 그 전날
aujourd'hui 오늘 / **ce jour-là** 그날
demain 내일 / **le lendemain** 그 다음날

après-demain 내일 모레 / le surlendemain 그 다음 다음 날

dans trois jours 3일 후에 / trois jours après 그 3일 후
le mois prochain 다음 달에 / le mois suivant 그 다음 달

위에서 좌측에 있는 표현들은 현재를 시점으로 해서 말할 수 있는 표현으로서 직접 화법에서 쓰이는 것이고, 오른쪽의 표현들은 시점이 과거가 되어 주로 간접 화법에서 쓸 수 있는 표현들이다.

2. s'en aller(가버리다) 동사의 명령법

Va-t'en. 가라.
Allons-nous-en. 갑시다.
Allez-vous-en. 가세요.

3. aller 동사의 명령법

Va à l'école. 학교에 가라.
Allons à l'école. 학교에 갑시다.
Allez à l'école. 학교에 가세요.

à l'école을 중성 대명사 y로 받아 다시 쓰면

Vas-y.
Allons-y.
Allez-y.

즉, Va는 다음에 대명사 모음 (y나 en)이 올 경우에 2인칭 단수에서 없어졌던 s가 다시 살아 나와야 한다. 프랑스어에서는 모음과 모음이 겹치는 것을 싫어하므로 발음을 부드럽게 하기 위하여 s를 추가하는 것이다.

> **cf** **Donne**-le-moi. 그것을 나에게 줘.
> – 다음에 대명사 모음이 안 왔으므로 그대로 Donne 이다.
> **Parles**-en. 그것에 대해서 말해라.
> – 다음에 대명사 모음 en 이 왔으므로 **Parles** 이다.

4. 전미래는 미래 완료의 뜻도 나타낸다.

J'aurai terminé mes devoirs **à** la fin de mes vacances.
나는 나의 휴가가 끝날때에 나의 숙제를 끝마쳐 놓을 것이다.

미래 완료의 뜻으로 쓰일 경우에는 주로 미래의 완료 시점을 나타내 주는 전치사 **à**나 **avant** 과 함께 쓰인다.

Tu seras rentrée **avant** minuit.
너는 자정이 되기 전에 집에 들어와 있어야 할 것이다.

5. 단순 시제와 복합 시제

단순 시제라 함은 **조동사의 도움 없이** 동사 자체의 어간 및 어미가 홀로 변화하여 시제를 만드는 것을 말하며, 복합 시제라 함은 **조동사 (avoir나 être)의 도움**을 받아 동사의 과거 분사와 함께 시제를 만드는 것을 말한다.

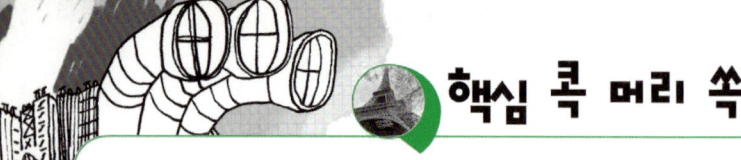

핵심 콕 머리 쏙

프랑스어의 단순 시제에는 직설법에서 현재, 단순 미래, 반과거, 단순과거 등이 있으며, 복합 시제에는 복합 과거, 전미래, 대과거, 전과거 등이 있다.

이 중 단순 과거와 전과거는 문어체에서만 쓰이는 표현으로 고급 과정에서 다루기로 하고 나머지 시제에 대해서 살펴보기로 한다.

★ 단순 시제, 복합 시제

단순 시제		복합 시제
현재	→ avoir 나 être 의 현재 + 과거 분사	⇒ 복합과거
단순미래	→ avoir 나 être 의 단순미래 + 과거 분사	⇒ 전미래
반과거	→ avoir 나 être 의 반과거 + 과거 분사	⇒ 대과거

[avoir 를 조동사로 할 경우]

현재 J'ai ~ → 복합 과거 J'ai eu ~

단순 미래 J'aurai ~ → 전미래 J'aurai eu ~

반과거 J'avais ~ → 대과거 J'avais eu ~

[être를 조동사로 할 경우]

현재 Je vais ~ → 복합 과거 Je suis allé ~

단순 미래 J'irai ~ → 전미래 Je serai allé ~

반과거 J'allais ~ → 대과거 J'étais allé ~

부록

초중급 불문법 연습문제 및 정답

EXERCICE 1

A. 문법에 맞게 (   )속의 동사를 변화시키세요.

1) Il (montrer) son cadeau à sa copine.

* un cadeau 선물
* une copine 여자 친구

2) Vous (parler) anglais?

* anglais 영어

3) Elles (chanter) mal.

* mal 서투르게

4) Tu (parler) coréen?

B. 다음 문장 전체를 복수로 하여 다시 쓰세요.

5) Est-ce qu'elle écoute bien son professeur?

6) Ferme-t-elle le gaz?

7) Elle ne parle pas chinois.

* chinois 중국어

8) Tu n'habites pas à Nancy?

9) Je ne chante pas bien.

EXERCICE 2

* (   ) 속의 동사들을 주어에 맞게 변화시키세요.

1) Tu (finir) ton travail à 6 heures?

2) Nous (choisir) cet ordinateur.　　　　　　　　* un ordinateur 컴퓨터

3) Les téléspectateurs (applaudir) les animateurs.

　　　　　　　　　　　* un téléspectateur 시청자
　　　　　　　　　　　* applaudir 박수갈채 하다
　　　　　　　　　　　* un animateur, une animatrice 사회자

4) En ce moment, vous (grossir) trop.　　　* en ce moment 지금

5) Nous (réussir) à traverser le fleuve.　　　* un fleuve 강

✿ EXERCICE 3

* (   ) 속의 동사들을 주어에 맞게 변화시키세요.

1) Elle (partir) à Paris.

2) Je (servir) un café à ma collègue.

                                            * un(une) collègue 직장 동료

3) Il (dormir) toute la journée.   * toute la journée 하루종일

4) Vous (mentir) toujours.   * mentir 거짓말하다

5) Vous (voir) la Tour Eiffel?

6) Elles (entendre) Marie.

7) Vous (descendre) en cave?   * une cave 지하실

8) Vous (attendre) quelqu'un?   * quelqu'un 누군가

9) Elle (vendre) des fruits au marché.

10) La cliente (tendre) un billet de 10 euros.   * tendre 내밀다

11) Vous (connaître) Pierre?

12) Elle (paraître) gentille et polie.   * poli,e 예의바른

13) Tous les jours, je (conduire) mon enfant à l'école.

14) Les ouvriers (construire) cette maison.

15) Elle (mettre) le couvert.
　　　　　　　　　　　　　　　　　　　　* mettre le couvert 상차리다

16) Cette règle n'(admettre) aucune exception.
　　　　　　　　　　　　* une règle 규칙
　　　　　　　　　　　　* ne ~ aucun(e)~ 어떤 ~도 전혀 아니다

17) Ils ne (venir) pas de France.

18) Qu'est-ce que vous (devenir)?

* (   ) 속의 동사들을 주어에 맞게 변화시키세요.

1) Qu'est-ce que vous (faire) dans la vie?

2) Ils (offrir) des bouquets de fleurs à leurs copines.

 * un bouquet (꽃)다발, une copine 여자친구

3) Vous (souffrir) des dents?

 * souffrir de~ ~로 고통 받다

4) Les agricultrices (cueillir) des pommes.

 * une agricultrice (여) 농부

5) Tu (accueillir) tes amis chez toi?

6) Vous (apprendre) le coréen depuis un an?   * depuis ~부터

7) Vous (comprendre) bien?

8) Elles (peindre) des paysages dans la forêt.   * un paysage 경치

9) Vous (atteindre) Lyon dans 10 minutes?

10) Vous (joindre) vos efforts pour réussir.

EXERCICE 5

* (   )를 de, du, de la, des, de l' 중에서 문법에 맞게 쓰세요.

1) les yeux (   ) Marie   * les yeux 눈

2) les chaises (   ) étudiants   * le cahier 공책

3) la porte principale (   ) grand magasin   * la porte principale 정문

4) les lunettes (   ) professeur   * les lunettes 안경

5) la capitale (   ) Angleterre   * l'Angleterre 영국

6) les grands magasins (   ) Paris   * le grand magasin 백화점

7) les tours (   ) église   * la tour 탑

8) le patron (   ) boucherie   * le patron 주인
                                                   * la boucherie 정육점

EXERCICE 6

* (   )를 à, au, à la, aux, à l' 중에서 문법에 맞게 쓰세요.

1) Nous visitons ensemble un quartier (   ) Paris.

2) Nous sommes (   ) mois de juin.

3) Le professeur parle (   ) étudiante.

4) Elle dit (   ) vendeuse.   * le vendeur, la vendeuse 판매인

5) Surs la place d'Italie, Marie demande son chemin (   ) agent de police.

6) Ils parlent (   ) Marie.

7) Elle répond bien (   ) questions du professeur.

EXERCICE 7

* (   )를 문법과 뜻에 맞게 알맞은 표현으로 쓰세요.

1) Elles sont (   ) blles que (   ).
   그녀들은 나보다 더 아름답다.

2) Elles sont (   ) belles que (   ).
   그녀들은 너만큼 아름답다.

3) Elle est (   ) belle que (   ).
   그녀는 당신보다 덜 아름답다.

4) Cette enfant est plus (   ) que mon petit frère.
   이 아이는 내 남동생보다 더 작다.

5) Elle travaille (   ) que (   ).
   그녀는 그 보다 더 잘 일한다.

6) Elle travaille (   ) qu'(   ).
   그녀는 그들보다 덜 일한다.

7) Elle a (   ) (   ) argent que (   ).
   그녀는 나보다 더 많은 돈을 가지고 있다.

8) Elle a (   ) (   ) livres que (   ).
   그녀는 우리만큼의 책들을 가지고 있다.

9) Elle est plus jeune que (   ) (   ) neuf ans.
   그녀는 나보다 9살이 더 어리다.

10) Elle est plus grande que (   ) (   ) deux centimètres.
    그녀는 그보다 2cm가 더 크다.

11) Elle est la plus jolie jeune fille (   ) ma classe.
    그녀는 내 반에서 가장 귀여운 소녀이다.

12) Elle est (   ) (   ) belle d'entre nous.

그녀는 우리들 중에서 가장 아름답다.

13) Cette femme est un de (   ) (   ) professeurs.

이 여성은 우리의 가장 훌륭한 교수님들 중의 한 분이다.

- professeur는 항상 남성으로 쓰이므로 주어가 여성일지라도 un이다.

14) J'ai plus (   ) livres français que (   ).

나는 너보다 더 많은 프랑스 책들을 가지고 있다.

15) J'ai (   ) de peine que (   ).

나도 그 만큼 괴롭다.

16) Les riches ont (   ) (   ) peine que les pauvres.

부자들은 가난한 사람들보다 덜한 고통을 갖고 있다.

17) Pierre gagne (   ) (   ) Julien.

삐에르는 쥘리앙 만큼 돈을 번다.

18) En général, les hommes boivent (   ) (   ) vin que les femmes.

보통 남성들이 여성들 보다 더 많은 포도주를 마신다.

EXERCICE 8

* 다음 문장에서 직접 목적어(COD)를 대명사로 바꿔 문장을 다시 쓰세요.

1) Nous prenons le métro.

2) Je ne vois pas la montagne.

3) J'ai acheté ce beau tableau.   * un tableau 그림, 칠판

4) Elle ferme les tiroirs.   * un tiroir 서랍

5) Vous avez la clé?   * une clé, une clef 열쇠

6) Prends ton parapluie.

7) Vous lisez ce roman?   * un roman 소설

8) Voulez-vous ces livres?

9) Elle a revu son mari à Paris.

10) Prenez-vous ces lys?   * un lys(= un lis) 백합

11) Je ne lis pas le roman dans le bus.

12) J'envoie le dossier par fax à mon directeur.

13) Avez-vous laissé le colis à la gadienne?

       * laisser 맡기다
       * un colis 소포
       * un gardien, une gardienne 건물 관리인

14) Emmenez mes enfants à l'école.

EXERCICE 9

* 다음 문장에서 간접 목적어(COI)를 대명사로 바꿔 문장을 다시 쓰세요.

1) J'ai écrit à mon professeur.

  * écrire 편지 쓰다

2) Ils offrent des bouquets de fleurs à leurs copines.

  * offrir 주다, 선물하다
  * un bouquet 꽃다발, 부케
  * une copine 여자 친구

3) Elle commande un café au serveur.

  * commander 주문하다
  * un serveur (까페 등)종업원

4) Elle raconte son histoire d'amour à son amie.

  * raconter 이야기하다
  * un amoir 사랑

5) Il a bien répondu aux professeurs.

6) Vous donnez la clé à mon copain?

7) Je ne donne pas le livre à mes parents.

8) Donne-t-elle ce colis à son voisin?

9) Pierre envoie-t-elle ces paquets à ses parents?

10) Avez-vous téléphoné à ma femme?

11) Je ne montre pas encore ces photos aux étudiantes.

12) Vous avez envoyé l'ordinateur à mon fils?

  * un ordinateur 컴퓨터
  * un fils 아들

13) As-tu passé tes notes de cours à tes parents?

  * les notes de cours 강의 성적표

EXERCICE 10

* 중성 대명사 y를 사용하여 문장을 다시 써보세요.

1) Il est dans le bureau.

2) Il faisait chaud sur le quai de la Seine.   * un quai 승강장, 강변, 부두

3) Je suis arrivé devant les bateaux-mouches.   * un bateau-mouche 유람선

4) J'ai accompagné les jeunes gens à leur hôtel.

5) Ne changez rien à cette statue.   * une statue 동상

6) Ne touchez pas à cette œuvre d'art.

* toucher à~ ~에 손을 대다
* une œuvre 작품

7) Je réponds à votre question.

8) Je pensais à cette mauvaise nouvelle.   * une nouvelle 소식

9) Il s'habitue à son nouveau travail.

* s'habituer à ~ ~에 익숙해지다

10) Ne faites pas attention à cela.

* faire attention à ~ ~에 주의하다

11) Nous nous décidons à bien travailler.

* se décider à inf ~을 결심하다

12) Je rêvais à mon enfance.

* rêver à ~ ~를 공상하다

13) Il s'engage à préparer un bon dîner.   * s'engager à inf~ ~하기로 약속하다

14) Elle ne manquera pas à sa promesse.

   * manquer à N(inf) ~를 저버리다

15) Il tient à vous faire plaisir.

   * tenir à inf ~를 약속하다
   * faire plaisir à qn ~를 기쁘게 하다

16) Il ne réussit pas à la terminer.

17) Cette maison ressemble à la vôtre.

   * ressembler à ~ ~를 닮다

18) Penses-tu au voyage?

19) Il faut répondre aux questions du directeur.

20) Vas-tu chez lui?

✿ EXERCICE 11

* 다음의 밑줄 친 부분을 문법에 맞게 대명사로 바꿔 문장을 다시 쓰세요.

1) Il revient <u>de l'étranger</u>.

2) Vous arrivez <u>de la gare</u>.

3) Il est descendu <u>du train</u> à 7 heures.

4) J'ai une <u>fille</u>.

5) Vous n'avez pas <u>d'amis</u>.

6) Il n'avait pas pris <u>de billets</u>.

7) Ils avaient acheté <u>des billets</u> avant d'entrer dans le théâtre.

8) Il a fait beaucoup <u>de voyages</u>.

9) Ils se souviennent <u>de leurs études</u>.

* se souvenir de ~ ~을 회상하다

10) Nous nous servons <u>de notre bouche</u> pour parler.

* se servir de ~ ~을 이용하다

11) Elle avait appris assez <u>de mots français</u> avant de venir à Paris.

12) Nous avons rencontré deux <u>amis</u>.

13) Il a plusieurs <u>enfants</u>.

14) Vous vous moquez <u>de ses manières</u>.

* se moquer de ~ ~을 조롱하다
* les manières 태도

15) Tu t'es occupé <u>de ce spectacle</u>.

* s'occuper de ~ ~에 전념하다, ~를 돌보다

16) Elle parle toujours beaucoup <u>à son mari</u> <u>dans sa chambre</u>.

17) Ils mangent beaucoup <u>de viande</u> <u>dans le restaurant</u>.

18) Voulez-vous <u>du pain</u>?

19) Le toit <u>de cette maison</u> est blanc.

20) Combien <u>de frères</u> as-tu?

EXERCICE 12

* 다음 물음에 대명사로 바꿔서 대답할 수 있는 모든 것들을 대명사로 받아 지시
한대로 답해보세요.

1) Pierre va à la bibliothèque le matin?

   Non, _____.

2) Vous montrez ces photos à ma copine?

   Oui, _____.

3) Tu envoies un e-mail aux collègues?

   Non, _____.

4) La gardienne apporte le colis à ma femme?

   Oui, _____.

5) Tu parles de Paris à tes parents?

   Non, _____.

6) Elle te donne la peine?

   Oui, _____.

7) La femme de ménage laisse la clé à mon mari?

   Non, _____.

8) Tu me passes ton parapluie?

   Oui, _____.

9) Elle est venue de Lyon?

   Non, _____.

10) Vous achetez toujours des baguettes à la boulangerie?

Oui, _____.

11) Vous avez donné de l'argent à vos enfants ce matin?

Non, _____.

12) Mme Bertin se sert d'un lave-vaisselle à la maison?

Non, _____.

* se servir de~ ~을 사용하다
* le lave-vaisselle 식기 세척기

13) Elle se sert d'un aspirateur à la maison?

Oui, _____.

* un aspirateur 진공청소기

EXERCICE 13

* Mettez les phrases suivantes à l'impératif affirmatif.
  (다음 문장들을 긍정 명령문으로 바꿔 쓰세요.)

1) Ne me regarde pas.

2) Ne me lis pas l'histoire du Moyen Age.

3) Ne t'appuie pas sur le réfrigérateur.

                                              * s'appuyer sur ~ ~에 기대다
                                              * le réfrigérateur 냉장고

4) Ne m'envoyez pas de fleurs.

5) Ne t'intéresse pas aux affaires des autres.   * les affaires 소지품

6) Ne t'achète pas de blouson.

7) Ne l'écoutons pas.

8) Ne lui parlez pas d'amour.

9) Ne t'habille pas.

10) Ne vous approchez pas de moi.

11) Ne me plaignez pas.   * se plaindre 불평하다

12) Ne t'en va pas.   * s'en aller 가버리다

13) Tu es devant la porte principale.   * la porte principale 정문

14) Vous avez de la patience.

15) Tu ne le sais pas.

16) Vous dites toujours la vérité.

17) Vous faites du sport.

18) Tu es sage.   * sage 얌전한, 현명한

19) Vous voulez entrer.

20) Vous vous asseyez gentiment.   * gentiment 얌전하게, 친절하게

21) Vous ne vous détendez pas devant lui.   * se détendre 긴장을 풀다

EXERCICE 14

* 다음 문장들을 문법에 맞게 관계대명사 qui나 que로 연결하여 다시 쓰세요.

1) Il appelle une femme ; vous ne connaissez pas cette femme.

2) Elle porte souvent la jupe ; cette jupe est très voyante.

* la jupe 스커트, 치마
* voyant,e 화려한, 눈에 띄는

3) Il rencontre une jolie fille ; elle fait du cinéma.

* faire du cinéma 영화에 출연하다

4) L'actrice vient ; il l'aime bien.

5) La femme a les cheveux longs ; elle parle bien anglais.

6) Elle m'a parlé de l'école, je le visiterai.

7) Je connais bien ce plombier ; il vit dans mon quartier.

* le plombier 배관공

8) Prenez cette avenue ; c'est l'Avenue Montaigne.

9) N'achetez pas ce livre ; il n'est pas intéressant.

10) Tu m'as envoyé cette revue ; je ne l'aime pas du tout.

* la revue 잡지

* 다음 문장들을 문법에 맞게 관계대명사 où나 dont으로 연결하여 한 문장으로 다시 쓰세요.

1) Je connais bien la Corse, vous y avez passé vos vacances.

2) J'irai à Grenoble, Louise y a fait ses études.

3) Il fera une belle promenade dans la forêt, j'ai vu des lapins courir dans cette forêt.

                                                       * un lapin 토끼

4) Vous marchez sur une route, peu de voitures roulent sur cette route.

5) J'ai une belle bibliothèque, il y a des livres modernes dans cette bibliothèque.

6) Il ne faisait pas beau l'après-midi, Pierre est allé au Jardin des Plantes cet après-midi-là.

7) Le public s'est bien amusé le soir, Marie a vu le Bourgeois- Gentilhomme ce soir-là.

                                                       * s'amuser 즐기다

8) J'ai appris beaucoup de choses pendant l'année, je faisais des études à Paris cette année-là.

9) Pierre était très étonnée le matin, elle a rencontré Elisabeth ce matin-là.

                                                     * étonné,e 놀란

10) J'aime bien la ville de Montpellier, j'y habite depuis 3 ans.

11) J'ai travaillé dans cet atelier, la chaleur y est très forte.

                                               * la chaleur 더위, 열기

12) J'irai aussi en Algérie, vous y êtes allés l'an dernier.

13) Je travaille dans cette bibliothèque, les livres y sont nombreux.

14) Je ferai un voyage dans ce pays, vous y avez fait la connaissance
de votre mari.   * faire la connaissance de qn ~와 사귀다, ~와 알게되다

15) Voici mon ami. Le père de mon ami est journaliste.

16) J'ai rencontré une chanteuse. Je ne connais pas le nom de cette chanteuse.

17) Voici une actrice. Il me parle toujours de cette actrice.

18) Quel est cet outil? Elle s'en sert.   * un outil 연장, 도구

19) C'est l'unversité de Nantes. Mon mari est le directeur de cette université.

20) C'est une jeune fille. Je rêve toujours d'elle.
                  * rêver de qn ~를 동경하다, ~의 꿈을 꾸다

EXERCICE 16

* 다음 문장들을 복합과거로 변화시켜 보세요.

1) Anna va à la fenêtre. (aller)

2) Les vieilles dames restent à leur place. (rester)

3) Les trains entrent dans la gare. (entrer)

4) Les voitures vont moins vite. (aller)

5) Les douaniers entrent dans le wagon. (entrer)

* le douanier 세관원
* le wagon 객차

6) Mes parents arrivent à Lyon. (arriver)

7) Ma femme tombe sur le quai. (tomber)

8) Je range mes bagages, puis je les déplace. (ranger, déplacer)

* ranger 정리하다
* déplacer 이동시키다

9) Je commence une conversation et je la continue toute la matinée. (commencer, continuer)

10) Il écoute ses voisins et il les regarde. (écouter, regarder)

11) On rencontre des trains et on les croise. (rencontrer, croiser)

12) On commence à rencontrer des usines et on les regarde. (commencer, regarder)

13) Tu récites cette chanson et tu la chantes. (réciter, chanter)

* réciter 암기하다, 암송하다

216

14) Il allume une cigarette et il la fume. (allumer, fumer) * allumer 켜다

15) Je prends rendez-vous avec le chirurgien. (prendre)

* prendre rendez-vous avec qn ~와 약속을 하다
* un chirurgien 의사

16) Il s'adresse au fils du voisin.

* s'adresser à qn ~에게 말을 걸다

17) Nous ne buvons pas de vin. (boire)

18) Elle se lave dans la salle de bain. (se laver)

19) Elle se lave les cheveux. (se laver)

20) Prenez-vous votre café? (prendre)

21) Quels livres choisissez-vous? (choisir)

22) Les feuilles jaunissent en automne.

* jaunir 노랗게 되다

23) Elle ouvre la porte et son mari la ferme. (ouvrir, fermer)

24) Elle met le couvert et son mari prend une douche.

* mettre le couvert 상을 차리다
* prendre une douche 샤워하다

25) Je dis la vérité. (dire)

* la vérité 진실

26) Ils vont en Espagne. (aller)

27) Elle rentre seule sa voiture au parking.

28) Elle sort un paquet de cigarettes de sa poche gauche.

* une poche 호주머니, 포켓

29) Le dimanche, je reçois un e-mail de mon père. (recevoir)

30) Je le vois une fois en France. (voir)

31) Le prenez-vous souvent? (prendre)

32) Vous faites du magasin? (faire)

* faire du magasin 쇼핑하다

33) Voulez-vous faire les courses?

* faire les courses 장보다

34) Ce matin la gardienne ne sort pas les poubelles de l'immeuble dans la rue. (sortir)

* le gardien, la gardienne 관리인
* la poubelle 쓰레기 통
* un immeuble 건물, 아파트

35) Elle ne dort pas bien. (dormir)

36) Elles mangent beaucoup pendant les vacances. (manger)

37) Après son travail, elle sort toujours de son bureau à l'heure. (sortir)

38) Elle nous rend nos lettres. (rendre)

39) Voici les fleurs qu'elles nous offrent. (offrir)

EXERCICE 17

* 빈칸 부분을 문법에 맞게 성수 일치시켜 보세요. 일치할 필요가 없으면 ×로
표시하세요.

1) Elle avait l'intention d'acheter une jolie robe, c'est pourquoi elle est allé
____ aux grands magasins.

> * avoir l'intention de + inf ~할 의도가 있다
> * c'est pourquoi 그래서

2) Elle a pris les fleurs et elle les a respiré____ avec plaisir.

> * respirer 호흡하다
> * avec plaisir 즐겁게

3) Quand vous avez raconté____ cette longue histoire à vos camarades,
vous les avez ennuyé____.

> * ennuyer 지루하게 하다

4) La cuisine est propre parce que mon copain l'a nettoyé____.

> * propre 깨끗한 ↔ sale 더러운
> * nettoyer 청소하다, 깨끗이 하다

5) Les prix étaient différents, c'est pourquoi vous les avez comparé____.

> * le prix 가격, 상

6) Quelle glace avez-vous mangé____?

> * une glace 아이스크림

7) Quelle chance vous avez eu____!

8) Elle n'a pas pris le bus parce qu'elle a préféré____ marcher le long
de la Seine.

> * le long de ~ ~를 따라

9) J'ai étudié plusieurs leçons et je les ai appris____.

> * plusieurs 몇몇의

10) Il est allé____ chez ses amies et il les a embrassé____.

11) Elles sont retourné____ chez elles.

12) Les deux villages que la nouvelle route a joint____ ne se trouvent pas loin de chez moi.

* joindre 합치다
* se trover 있다, 이다

13) Les terrasses que vous avez aperçu____ s'inclinent entre un bois sombre et le ciel bleu.

* s'incliner ~로 기울다, ~하는 경향이 있다
* un bois 숲
* sombre 어두운

14) C'est ma fille aînée que vous avez rencontré____.

* une fille aînée 누나, 언니 ↔ une fille cadette 여동생

15) L'aube que vous avez vu___ ce matin très tôt était blanche et pure.

* une aube 새벽, 여명
* pure 깨끗한, 순수한

EXERCICE 18

* 다음 문장들의 동사를 반과거 (L'imparfait)로 변화시켜 보세요.

1) Pierre continue à bavarder, il gêne ses camarades, et il oublie de penser aux autres.

      * bavarder 수다떨다
      * gêner 방해하다

2) Tous les samedis, nous sortons tard le soir, et nous dormons mal parce que nous sommes agités.

      * agité 흥분한, 동요된

3) Tous les soirs, je rejoins mes amis et je crains d'être en retard.

      * rejoindre 다시 만나다
      * craindre de ~ ~에 대하여 걱정하다

4) Chaque jour, je me plains du bruit, car je ne vis pas dans l'endroit tranquille.

      * se plandre de ~ ~에 대하여 불평하다
      * vivre 살다
      * un endroit 장소

5) Tous les soirs, tu prends une douche avant de dormir?

      * prendre une douche 샤워하다
      * avant de + inf ~하기 전에

6) Qu'est-ce que vous faites en Corée?

7) Nous entendons Marie chanter dans la rue.

8) Tous les soirs, elle me dit qu'elle est fatiguée.

9) En hiver, tous les matins, on boit du café chaud, et on n'a pas froid.

10) Qu'est-ce qu'elle fait à Paris?

11) Le dimanche nous rangeons toutes nos affaires.

12) Tu prends les billets quand tu vas au cinéma avec elle?

13) Chaque fois qu'elle vient me voir en France, elle m'apporte des cigarettes coréennes.

* chaque fois que~ ~할 때 마다

EXERCICE 19

* 다음 문장들의 동사 원형을 문맥에 맞게 복합과거나 반과거로 변화시켜 보세요.

1) Quand Sophie <u>commencer</u> à faire le ménage, son mari <u>lire</u> le journal.

2) Lorsque vous l'<u>saluer</u>, elle <u>rire</u>.

        * saluer : 인사하다(직목을 취한다)
        * rire 웃다

3) Quand elle me <u>prendre</u> le bras, je <u>pleurer</u>.

        * serrer la main à qn ~와 악수하다
        * pleurer 울다

4) Quand je les <u>chercher</u>, ils n'<u>être</u> pas là.

5) Elle <u>retourner</u> à Paris, car elle <u>devoir</u> revoir ses amis.

6) Les élèves <u>écrire</u> quand elle <u>lire</u> les mots.

7) Je <u>dormir</u> au moment où elle <u>entrer</u> dans ma chambre.

8) Elle <u>se soulever</u> sur la pointe des pieds quand vous la <u>voir</u>.

        * se soulever 몸을 일으키다
        * la point de pied 발끝

9) Elle <u>se taire</u> quand il lui <u>parler</u>.

        * se taire 침묵을 하다, 아무 말도 안하다

10) Vous <u>avoir</u> soif quand nous vous <u>offrir</u> à boire.

        * avoir soif 목이 마르다
        * offrir 주다, 제공하다

* 다음 문장들의 밑줄친 부분을 대과거로 변화시켜 보세요.

1) Quand la directrice <u>arrive</u>, tous les employés <u>s'arrêtent</u> de parler.

2) Les jeunes gens <u>se sont reconnus</u>, ils <u>se sont adressé</u> la parole puis ils <u>se sont serré</u> la main.

* s'adresser la parole à~ (서로에게) 말을 걸다
* se serrer la main (서로에게) 악수하다

3) Elles <u>se sont raconté</u> toutes les nouvelles puis elles <u>se sont mises</u> à parler de leurs examens.

* se mettre à inf ~하기 시작하다

4) Vous <u>vous êtes blessés</u> et vous <u>vous êtes écriés</u> : ≪Aïe!≫.

* se blesser 상처나다
* s'écrier 소리지르다

5) L'infirmière <u>s'est approchée</u> de la jeune fille puis elle <u>s'est baissée</u> pour voir la blessure.

* une infirmière 간호사
* se baisser (몸을)숙이다
* la blessure 상처

6) Lorse qu'elles sont allées éudier en France, elles <u>étudier assez</u> le français.

7) Nous sommes allés chez Marie. Elle nous <u>a invités</u> à voir un film.

8) Quand M. Poqulin est arrivé en Corée, sa femme <u>partir déjà</u> au Canada.

9) Lorse qu'on <u>faire</u> une belle promenade nocturne à Paris, on était heureux.

10) Depuis qu'elle <u>arriver</u> en France, il était en colère.

11) Après qu'elle <u>finir</u> ses devoirs, nous allions jouer ensemble dans le parc de l'attrations.

* le devoir 숙제
* le parc de l'attrations 놀이동산

12) Elle m'a dit qu'elle <u>prendre déjà</u> les billets d'avion pour ses parents.

* (   ) 속의 동사 원형을 제롱디프로 써보세요.

1) Il chantait (faire) sa toilette.

* faire sa toilette 세면하다, 세수하다

2) Ils nous ont serré la main (arriver).

3) Ils poseront des questions (aller) dîner.

4) Elles les ont embrassés (les quitter).

5) (lire) beaucoup, on finit par s'instruire.

* finir par + inf 마침내 ~하기에 이르다
* s'instruire 교양을 쌓다

6) Il chante (prendre) une douche.

* prendre une douche 샤워하다

7) Elle lit les journaux (boire) une bière.

8) Il écoute toujours de la musique (conduire) sa voiture.

* conduire 운전하다, 이끌다

9) Elle est arrivée (courir)

10) J'apprendrai le coréen (travailler beaucoup).

11) J'ai rencontré mes amis (revenir) de Paris.

12) Elles sont entrées au restaurant (faire) beaucoup de bruit.

13) Réveille-moi demain matin (sortir) de chez toi.

14) Elle voit son mari (rire) toujours.

EXERCICE 22

A. 다음 문장의 주어를 Vous로 하여 동사를 단순미래로 변화시켜 보세요.

1) A Paris, je vis seule, je fais les magasins, je vais à la fac.

2) Tu m'apportes la carte.

B. 다음 문장들의 주어를 Je로 하여 동사를 단순미래로 변화시켜 보세요.

3) Vous ne retrouvez pas vos amies.

4) Vous ne vous préparez pas à aller au grand magasin.

5) Nous buvons des jus d'orange quand nous avons soif.

6) Votre vie ne change pas en France.

7) Elles viennent de Paris.

C. 다음 문장의 동사들을 주어진 주어에 맞게 단순미래로 변화시켜 보세요.

8) Quand tu peux trouver une revue intéressante, tu m'envoies.

9) Quand vous voyez un homme ennuyeux, vous ne pouvez pas lui dire.

＊ ennuyeux 지루하게 하는

10) Elle ne veut pas habiter à Marseille.

11) Vous ne pouvez pas acheter ce livre, parce qu'il est trop cher.

12) Ils ont toujours tort.

＊ avoir tort 잘못이다

13) Nous ne savons pas s'il fait beau à Lille.

14) Ils ne sont pas ensemble au cybercafé de ce quartier.

15) Voyez-vous tous les jours Pierre?

16) Va-t-il vers la France?

17) Je viens de France.

18) Le samedi, nous faisons les courses.

19) Elle boit un verre d'eau.

20) Je lis les livres anglais.

21) Prends-tu le bus pour y aller?

22) Ce dimanche, nous revoyons nos cousins.

EXERCICE 23

* 다음의 밑줄 친 부분들을 전미래로 바꾸세요.

1) Avant votre arrivée, je <u>me suis réveillée</u>, je <u>me suis levée</u>, je <u>me suis lavée</u>, et je <u>me suis habillée</u>.

2) Il m'affirme qu'il <u>finir</u> son devoir à 21 heures.

* affirmer 단언하다, 확신하다
* un devoir 숙제

3) Quand elle <u>jouer</u> au ballon sur la plage, elle courra vers la mer.

* une plage 해수욕장

4) Lorsque je <u>sortir</u> du cinéma, j'irai voir Juliette.

5) Quand elle <u>voir</u> le docteur, elle ira à la pharmacie.

6) Elle <u>demander</u> une jupe jaune au vendeur.   * une jupe 스커트, 치마

7) Il vous récompensera par de l'argent parce que vous <u>agir</u> bien.

* récompenser 보상하다
* agir 처신하다

8) Elle viendra à minuit mais déjà ils <u>partir</u> une heure avant.

9) Elle n'y est pas encore arrivée? Elle <u>manquer</u> le bus.

* manquer le bus 버스를 놓치다

10) Nous <u>oublier</u> de fermer les volets avant de partir.   * le volet 덧문

EXERCICE 24

* Mettez au présent les verbes de la proposition subordonnée de condition, et au présent les verbes de la proposition principale.
(주절의 동사와 조건 종속절의 동사들을 직설법 현재로 변화 시키시오.)

1) Si tu (aimer) la musique, tu (aller) souvent au concert.

2) Si vous (préférer) la comédie, vous (prendre) des billets de théâtre.

3) S'ils (avoir) envie de sortir, ils (se promener) avec un ami.

* avoir envie de inf ~하고 싶다

4) Si nous (boire) de l'eau très fraîche, nous (se rafraîchir).

* frais, fraîche 시원한, 신선한
* se rafraîchir 시원해지다

* Mettez au présent les verbes de la proposition subordonnée de condition et au futur les verbes de la proposition principale.
(주절의 동사들은 단순 미래로, 조건 종속절의 동사들은 직설법 현재로 변화 시키시오.)

5) Si vous (réfléchir), vous (comprendre) mieux.

* réfléchir 곰곰이 생각하다

6) Si je (goûter) le vin, je (savoir) quel goût il a.

* goûter 맛보다

7) S'il (mourir), nous l'(enterrer) tout de suite.

* mourir 죽다
* enterrer 매장하다

8) S'il (faire) chaud, vous (se rafraîchir) en buvant du jus de raisin.

* le jus de raisin 포도 주스

9) Si le tonneau (se déboucher), il (falloir) y mettre un bouchon.

      * un tonneau 통(포도주 발효)
      * se déboucher 마개가 뽑히다
      * un bouchon 마개

10) Si vos amis (venir), vous (pouvoir) leur dire la nouvelle.

11) Si tu (aller) à Paris, tu (voir) la Tour Eiffel.

12) S'ils (haïr) leurs ennemis, ils leur (faire) la guerre.

      * haïr 증오하다
      * une guerre 전쟁

13) Si elle (ne pas se soigner), elle (mourir).   * se soigner (자신을)돌보다

14) Si vous n'(avoir) pas d'argent, vous (faire) de l'auto-stop.

      * faire de l'auto-stop 무료 편승하다(히치하이킹 하다)

15) Si vous ne (connaître) pas la ville, vous (aller) au hasard.

      * au hasard 무작정

16) Si elle se (mettre) à regarder la télévision, elle vous (inviter).

      * se metre à inf ~하기 시작하다

17) Si nous (voir) tous les aspects de cette question, nous (comprendre) le problème.   * un aspect 양상, 면모

18) S'il se (promener) au hasard, il se (perdre).

      * se perdre 길을 잃어버리다, 어리둥절해지다

19) S'ils (faire) du sport, ils (rester) jeunes.

20) Si ce tableau (avoir) de la valeur, je le (vendre).

      * un tableau 그림, 칠판
      * une valeur 가치 가격

21) Si tu (être) un inconnu pour eux, ils ne te (parler) pas.

* un inconnu 모르는 사람

* Mettez au présent de l'indicatif les verbes de la proposition subordonnée de condition, et à l'impératif présent les verbes de la proposition principale.
(주절의 동사들은 명령법 현재로, 조건문 종속절의 동사들은 직설법 현재로 변화 시키시오.)

22) Si le liquide (couler), (essuyer)-le.

* un liquide 액체, 현금
* essuyer 닦다

23) S'il (pleuvoir), (prendre) ton parapluie.

* pleuvoir 비가 오다
* un parapluie 우산

24) Si elle (ne pas vous plaire), (ne pas sortir) avec elle.

* plaire à qn ~에게 마음에 들다

25) Si cette jeune fille (mourir), (pleurer).   * pleurer 울다

26) Si vous la (trouver) belle, (dire)-le-lui.

27) Si nous le (croire) admirable, (exprimer)-lui notre admiration.

28) Si cette casserole (être) trop grand, (prendre)-en un autre.

* une casserole 냄비

29) Si tu (vouloir) faire les vendanges, (aller) en Champagne.

* une vendange 포도 수확

1 직설법 현재 1군 규칙 동사 변화

A.

1) Il (montre) son cadeau à sa copine.
2) Vous (parlez) anglais?
3) Elles (chantent) mal.
4) Tu (parles) coréen?

B.

5) Est-ce qu'elles écoutent bien leurs professeurs?
6) Ferment-elles les gaz?
7) Elles ne parlent pas chinois.
8) Vous n'habitez pas à Nancy?
9) Nous ne chantons pas bien.

2 직설법 현재 2군 규칙 동사 변화

1) Tu (finis) ton travail à 6 heures?
2) Nous (choisissons) cet ordinateur.
3) Les téléspectateurs (applaudissent) les animateurs.
4) En ce moment, vous (grossissez) trop.
5) Nous (réussissons) à traverser le fleuve.

3 직설법 현재 3군 불규칙 동사 변화 A 그룹 (-ir, -oir, -re)

1) Elle (part) à Paris.
2) Je (sers) un café à ma collègue.
3) Il (dort) toute la journée.
4) Vous (mentez) toujours.
5) Vous (voyez) la Tour Eiffel?
6) Elles (entendent) Marie.
7) Vous (descendez) en cave?
8) Vous (attendez) quelqu'un?
9) Elle (vend) des fruits au marché.
10) La cliente (tend) un billet de 10 euros.
11) Vous (connaissez) Pierre?
12) Elle (paraît) gentille et polie.
13) Tous les jours, je (conduis) mon enfant à l'école.
14) Les ouvriers (construisent) cette maison.
15) Elle (met) le couvert.
16) Cette règle n'(admet) aucune exception.
17) Ils ne (viennent) pas de France.
18) Qu'est-ce que vous (devenez)?

4 직설법 현재 3군 불규칙 동사 변화 B 그룹 (-ir, -oir, -re)

1) Qu'est-ce que vous (faites) dans la vie?
2) Ils (offrent) des bouquets de fleurs à leurs copines.
3) Vous (souffrez) des dents?
4) Les agricultrices (cueillent) des pommes.
5) Tu (accueilles) tes amis chez toi?
6) Vous (apprenez) le coréen depuis un an?
7) Vous (comprenez) bien?
8) Elles (peignent) des paysages dans la forêt.
9) Vous (atteignez) Lyon dans 10 minutes?
10) Vous (joignez) vos efforts pour réussir.

5 단축(축약) 관사 du, des - 모음으로 시작하는 단수 명사 앞에서는 de l'

1) les yeux (de) Marie
2) les chaises (des) étudiants
3) la porte principale (du) grand magasin.
4) les lunettes (du) professeur
5) la capitale (de l') Angleterre
6) les grands magasins (de) Paris
7) les tours (de l') église
8) le patron (de la) boucherie

6 단축(축약) 관사 au, aux - 모음으로 시작하는 단수 명사 앞에서는 à l'

1) Nous visitons ensemble un quartier (à) Paris.
2) Nous sommes (au) mois de juin.
3) Le professeur parle (à l') étudiante.
4) Elle dit (à la) vendeuse.
5) Sur la place d'Italie, Marie demande son chemin (à l') agent de police.

6) Ils parlent (à) Marie.

7) Elle répond bien (aux) questions du professeur.

7 비교급 (Le comparatif) 과 최상급 (Le superatif)

1) Elles sont (plus) blles que (moi).

2) Elles sont (aussi) belles que (toi).

3) Elle est (moins) belle que (vous).

4) Cette enfant est plus (petite) que mon petit frère.

5) Elle travaille (mieux) que (lui).

6) Elle travaille (moins) qu'(eux).

7) Elle a (plus) (d') argent que (moi).

8) Elle a (autant) (de) livres que (nous).

9) Elle est plus jeune que (moi) (de) neuf ans.

10) Elle est plus grande que (lui) (de) deux centimètres.

11) Elle est la plus jolie jeune fille (de) ma classe.

12) Elle est (la) (plus) belle d'entre nous.

13) Cette femme est un de (nos) (meilleurs) professeurs.

14) J'ai plus (de) livres français que (toi).

15) J'ai (autant) de peine que (lui).

16) Les riches ont (moins) (de) peine que les pauvres.

17) Pierre gagne (autant) (que) Julien.

18) En général, les hommes boivent (plus) (de) vin que les femmes.

8 직접 목적보어 대명사 - Pronoms objets directs

1) Nous le prenons.

2) Je ne la vois pas.

3) Je l'ai acheté.

4) Elle les ferme.

5) Vous l'avez?

6) Prends-le.

7) Vous le lisez?

8) Les voulez-vous?

9) Elle l'a revu à Paris.

10) Les prenez-vous?

11) Je ne le lis pas dans le bus.

12) Je l'envoie par fax à mon directeur.

13) L'avez-vous laissé à la gadienne?

14) Emmenez-les à l'école.

9 간접 목적보어 대명사 - Pronoms objets indirects

1) Je lui ai écrit.

2) Ils leur offrent des bouquets de fleurs.

3) Elle lui commande un café.

4) Elle lui raconte son histoire d'amour.

5) Il leur a bien répondu.

6) Vous lui donnez la clé?

7) Je ne leur donne pas le livre.

8) Lui donne-t-elle ce colis?

9) Pierre leur envoie-t-elle ces paquets?

10) Lui avez-vous téléphoné?

11) Je ne leur montre pas encore ces photos.

12) Vous lui avez envoyé l'ordinateur?

13) Leur as-tu passé tes notes de cours?

10 중성 대명사 y

1) Il y est.

2) Il y faisait chaud.

3) J'y suis arrivé.

4) J'y ai accompagné les jeunes gens.

5) N'y changez rien.

6) N'y touchez pas.

7) J'y réponds.

8) J'y pensais.

9) Il s'y habitue.

10) N'y faites pas attention.

11) Nous nous y décidons.

12) J'y rêvais.

13) Il s'y engage.

14) Elle n'y manquera pas.

15) Il y tient.

16) Il n'y réussit pas.

17) Cette maison y ressemble.

18) Y penses-tu?

19) Il faut y répondre.

20) Y vas-tu?

⓫ 중성 대명사 en

1) Il en revient.

2) Vous en arrivez.

3) Il en est descendu à 7 heures.

4) J'en ai une.

5) Vous n'en avez pas.

6) Il n'en avait pas pris.

7) Ils en avaient acheté avant d'entrer dans le théâtre.

8) Il en a beaucoup fait.

9) Ils s'en souviennent.

10) Nous nous en servons pour parler

11) Elle en avait assez appris avant de venir à Paris.

12) Nous en avons rencontré deux.

13) Il en a plusieurs.

14) Vous vous en moquez.

15) Tu t'en es occupé.

16) Elle lui y parle toujours beaucoup.

17) Ils y en mangent beaucoup.

18) En voulez-vous?

19) Le toit en est blanc.

20) Combien en as-tu?

⓬ 대명사들의 위치와 순서

1) Pierre va à la bibliothèque le matin?

Non, il n'y va pas le matin.

2) Vous montrez ces photos à ma copine?

Oui, je les lui montre.

3) Tu envoies un e-mail aux collègues?

Non, je ne leur en envoie pas.

4) La gardienne apporte le colis à ma femme?

Oui, elle le lui apporte.

5) Tu parles de Paris à tes parents?

Non, je ne leur en parle pas.

6) Elle te donne la peine?

Oui, elle me la donne.

7) La femme de ménage laisse la clé à mon mari?

Non, elle ne la lui laisse pas.

8) Tu me passes ton parapluie?

Oui, je te le passe.

9) Elle est venue de Lyon?

Non, elle n'en est pas venue.

10) Vous achetez toujours des baguettes à la boulangerie?

Oui, j'y en achète toujours.

11) Vous avez donné de l'argent à vos enfants ce matin?

Non, je ne leur en donne pas ce matin.

12) Mme Bertin se sert d'un lave-vaisselle à la maison?

Non, elle ne s'y en sert pas.

13) Elle se sert d'un aspirateur à la maison?

Oui, elle s'y en sert.

⓭ 긍정 명령문 (Les impératifs négatifs) 과 부정 명령문 (Les impératifs négatifs)

1) Regarde-moi.

2) Lis-moi l'histoire du Moyen Age.

3) Appuie-toi sur le réfrigérateur.

4) Envoyez-moi des fleurs.

5) Intéresse-toi aux affaires des autres.

6) Achète-toi un blouson.

7) Ecoutons-le(la).

8) Parlez-lui d'amour.

9) Habille-toi.

10) Approchez-vous de moi.

11) Plaignez-moi.

12) Va-t'en.

13) Sois devant la porte principale.

14) Ayez de la patience.

15) Sache-le.

16) Dites toujours la vérité.

17) Faites du sport.

18) Sois sage.

19) Veuillez entrer.

20) Asseyez-vous gentiment.

21) Détendez-vous devant lui.

⑭ 주격 관계대명사 qui 와 목적격 관계대명사 que

1) Il appelle une femme que vous ne connaissez pas.
2) Elle porte souvent la jupe qui est très voyante.
3) Il rencontre une jolie fille qui fait du cinéma.
4) L'actrice qu'il aime bien vient.
5) La femme qui parle bien anglais a les cheveux longs.
6) Elle m'a parlé de l'école que je visiterai.
7) Je connais bien ce plombier qui vit dans mon quartier.
8) Prenez cette avenue qui est l'Avenue Montaigne.
9) N'achetez pas ce livre qui n'est pas intéressant.
10) Tu m'as envoyé cette revue que je n'aime pas du tout.

⑮ 장소 및 시간의 관계대명사 où 와 전치사 de에 걸리는 관계대명사 dont

1) Je connais bien la Corse où vous avez passé vos vacances.
2) J'irai à Grenoble où Louise a fait ses études.
3) Il fera une belle promenade dans la forêt où j'ai vu des lapins courir.
4) Vous marchez sur une route où peu de voitures roulent.
5) J'ai une belle bibliothèque où il y a des livres modernes.
6) Il ne faisait pas beau l'après-midi où Pierre est allé au Jardin des Plantes.
7) Le public s'est bien amusé le soir où Marie a vu le Bourgeois-Gentilhomme.
8) J'ai appris beaucoup de choses pendant l'année où je faisais des études à Paris.
9) Pierre était très étonnée le matin où elle a rencontré Elisabeth.
10) J'aime bien la ville de Montpellier où j'habite depuis 3 ans.
11) J'ai travaillé dans cet atelier où la chaleur est très forte.
12) J'irai aussi en Algérie où vous êtes allés l'an dernier.
13) Je travaille dans cette bibliothèque où les livres sont nombreux.
14) Je ferai un voyage dans ce pays où vous avez fait la connaissance de votre mari.
15) Voici mon ami dont le père est journaliste.
16) J'ai rencontré une chanteuse dont Je ne connais pas le nom.
17) Voici une actrice dont il me parle toujours.
18) Quel est cet outil dont elle se sert?
19) C'est l'unversité de Nantes dont mon mari est le directeur.
20) C'est une jeune fille dont je rêve toujours.

⑯ 직설법 복합과거 (Le passé-composé)

1) Anna est allée à la fenêtre.
2) Les vieilles dames sont restées à leur place.
3) Les trains sont entrés dans la gare.
4) Les voitures sont allées moins vite.
5) Les douaniers sont entrés dans le wagon.
6) Mes parents sont arrivés à Lyon.
7) Ma femme est tombée sur le quai.
8) J'ai rangé mes bagages, puis je les ai déplacés.
9) J'ai commencé une conversation et je l'ai continuée toute la matinée.
10) Il a écouté ses voisins et il les a regardés.
11) On a rencontré des trains et on les a croisés.
12) On a commencé à rencontrer des usines et on les a regardés.
13) Tu a récité cette chanson et tu l'as chantée.
14) Il a allumé une cigarette et il l'a fumée.
15) J'ai pris rendez-vous avec le chirurgien.
16) Il s'est adressé au fils du voisin.
17) Nous n'avons pas bu de vin.
18) Elle s'est lavée dans la salle de bain.
19) Elle s'est lavé les cheveux.
20) Avez-vous pris votre café?
21) Quels livres avez-vous choisis?
22) Les feuilles ont jauni en automne.
23) Elle a ouvert la porte et son mari l'a

fermée.

24) Elle a mis le couvert et son mari a pris une douche.

25) J'ai dit la vérité.

26) Ils sont allés en Espagne.

27) Elle a rentré seule sa voiture au parking.

28) Elle a sorti un paquet de cigarettes de sa poche gauche.

29) Le dimanche, j'ai reçu un e-mail de mon père.

30) Je l'ai vu une fois en France.

31) L'avez-vous pris souvent?

32) Vous avez fait du magasin?

33) Avez-vous voulu faire les courses?

34) Ce matin la gardienne n'a pas sorti les poubelles de l'immeuble dans la rue.

35) Elle n'a pas bien dormi.

36) Elles ont beaucoup mangé pendant les vacances.

37) Après son travail, elle est sortie toujours de son bureau à l'heure.

38) Elle nous a rendu nos lettres.

39) Voici les fleurs qu'elles nous ont offertes.

⑰ 복합과거 과거분사 일치

1) Elle avait l'intention d'acheter une jolie robe, c'est pourquoi elle est allée aux grands magasins.

2) Elle a pris les fleurs et elle les a respirées avec plaisir.

3) Quand vous avez raconté✕ cette longue histoire à vos camarades, vous les avez ennuyés.

4) La cuisine est propre parce que mon copain l'a nettoyée.

5) Les prix étaient différents, c'est pourquoi vous les avez comparés.

6) Quelle glace avez-vous mangée?

7) Quelle chance vous avez eue!

8) Elle n'a pas pris le bus parce qu'elle a préféré✕ marcher le long de la Seine.

9) J'ai étudié plusieurs leçons et je les ai apprises.

10) Il est allé✕ chez ses amies et il les a

embrassées.

11) Elles sont retournées chez elles.

12) Les deux villages que la nouvelle route a joints ne se trouvent pas loin de chez moi.

13) Les terrasses que vous avez aperçues s'inclinent entre un bois sombre et le ciel bleu.

14) C'est ma fille aînée que vous avez rencontrée.

15) L'aube que vous avez vues ce matin très tôt était blanche et pure.

⑱ 직설법 반과거 (L'imparfait)

1) Pierre continuait à bavarder, il gênait ses camarades, et il oubliait de penser aux autres.

2) Tous les samedis, nous sortions tard le soir, et nous dormions mal parce que nous étions agités.

3) Tous les soirs, je rejoignais mes amis et je craignais d'être en retard.

4) Chaque jour, je me plaignais du bruit, car je ne vivais pas dans l'endroit tranquille.

5) Tous les soirs, tu prenais une douche avant de dormir?

6) Qu'est-ce que vous faisiez en Corée?

7) Nous entendions Marie chanter dans la rue.

8) Tous les soirs, elle me disait qu'elle était fatiguée.

9) En hiver, tous les matins, on buvait du café chaud, et on n'avait pas froid.

10) Qu'est-ce qu'elle faiait à Paris?

11) Le dimanche nous rangions toutes nos affaires.

12) Tu prenais les billets quand tu allais au cinéma avec elle?

13) Chaque fois qu'elle venait me voir en France, elle m'apportait des cigarettes coréennes.

⑲ 복합과거와 반과거의 차이

1) Quand Sophie a fait le ménage, son mari lisait le journal.

2) Lorsque vous l'avez saluée, elle riait.

3) Quand elle m'a pris le bras, je pleurais.

4) Quand je les ai cherchés, ils n'étaient pas là.

5) Elle est retournée à Paris, car elle devait revoir ses amis.

6) Les élèves écrivaient quand elle a lu les mots.

7) Je dormais au moment où elle est entrée dans ma chambre.

8) Elle se soulevait sur la pointe des pieds quand vous l'avez vue.

9) Elle se taisait quand il lui a parlé.

10) Vous aviez soif quand nous vous avons offert à boire.

20 직설법 대과거 (Le plus-que-parfait)

1) Quand la directrice était arrivée, tous les employés s'étaient arrêtés de parler.

2) Les jeunes gens s'étaient reconnus, ils s'étaient adressé la parole puis ils s'étaient serré la main.

3) Elles s'étaient raconté toutes les nouvelles puis elles s'étaient mises à parler de leurs examens.

4) Vous vous étiez blessés et vous vous étiez écriés : ≪Aïe!≫.

5) L'infirmière s'étaient approchée de la jeune fille puis elle s'étaient baissée pour voir la blessure.

6) Lorsqu'elles sont allées éudier en France, elles avaient assez étudié le français.

7) Nous sommes allés chez Marie. Elle nous avait invités à voir un film.

8) Quand M. Poqulin est arrivé en Corée, sa femme était déjà partie au Canada.

9) Lorsqu'on avait fait une belle promenade nocturne à Paris, on était heureux.

10) Depuis qu'elle était arrivée en France, il était en colère.

11) Après qu'elle avait fini ses devoirs, nous allions jouer ensemble dans le parc de l'attractions.

12) Elle m'a dit qu'elle avait déjà pris les billets d'avion pour ses parents.

21 제롱디프 (Gérondif)

1) Il chantait (en faisant) sa toilette.

2) Ils nous ont serré la main (en arrivant).

3) Ils poseront des questions (en allant) dîner.

4) Elles les ont embrassés (en les quittant).

5) (En lisant) beaucoup, on finit par s'instruire.

6) Il chante (en prenant) une douche.

7) Elle lit les journaux (en buvant) une bière.

8) Il écoute toujours de la musique (en conduisant) sa voiture.

9) Elle est arrivée (en courant).

10) J'apprendrai le coréen (en travaillant beaucoup).

11) J'ai rencontré mes amis (en revenant) de Paris.

12) Elles sont entrées au restaurant (en faisant) beaucoup de bruit.

13) Réveille-moi demain matin (en sortant) de chez toi.

14) Elle voit son mari (en riant) toujours.

22 단순미래 (Le futur simple)

A.

1) A Paris, vous vivrez seule, vous ferez les magasins, vous irez à la fac.

2) Vous m'apporterez la carte.

B.

3) Je ne retrouverai pas mes amies.

4) Je ne me préparerai pas à aller au grand magasin.

5) Je boirai des jus d'orange quand j'aurai soif.

6) Je ne changerai pas en France.

7) Je viendrai de Paris.

C.

8) Quand tu pourras trouver une revue intéressante, tu m'enverras.

9) Quand vous verrez un homme ennuyeux, vous ne pourrez pas lui dire.

10) Elle ne voudra pas habiter à Marseille.

11) Vous ne pourrez pas acheter ce livre, parce qu'il sera trop cher.

12) Ils auront toujours tort.

13) Nous ne saurons pas s'il fera beau à Lille.

14) Ils ne seront pas ensemble au cybercafé de ce quartier.

15) Verrez-vous tous les jours Pierre?

16) Ira-t-il vers la France?

17) Je viendrai de France.

18) Le samedi, nous ferons les courses.

19) Elle boira un verre d'eau.

20) Je lirai les livres anglais.

21) Prendras-tu le bus pour y aller?

22) Ce dimanche, nous reverrons nos cousins.

23 전미래 (Le futur antérieur)

1) Avant votre arrivée, je <u>me serai réveillée</u>, je <u>me serai levée</u>, je <u>me serai lavée</u>, et je <u>me serai habillée</u>.

2) Il m'affirme qu'il <u>aura fini</u> son devoir à 21 heures.

3) Quand elle <u>aura joué</u> au ballon sur la plage, elle courra vers la mer.

4) Lorsque je <u>serai sorti</u> du cinéma, j'irai voir Juliette.

5) Quand elle <u>aura vu</u> le docteur, elle ira à la pharmacie.

6) Elle <u>aura demandé</u> une jupe jaune au vendeur.

7) Il vous récompensera par de l'argent parce que vous <u>aurez</u> bien <u>agi</u>.

8) Elle viendra à minuit mais déjà ils <u>seront partis</u> une heure avant.

9) Elle n'y est pas encore arrivée? Elle <u>aura manqué</u> le bus.

10) Nous <u>aurons oublié</u> de fermer les volets avant de partir.

24 조건문 문장 : 실현 가능 조건문

1) Si tu (aimes) la musique, tu (vas) souvent au concert.

2) Si vous (préférez) la comédie, vous (prenez) des billets de théâtre.

3) S'ils (ont) envie de sortir, ils (se promènent) avec un ami.

4) Si nous (buvon) de l'eau très fraîche, nous (nous rafraîchissons).

5) Si vous (réfléchissez), vous (comprendrez) mieux.

6) Si je (goûte) le vin, je (saurai) quel goût il a.

7) S'il (meurt), nous l'(enterrerons) tout de suite.

8) S'il (fait) chaud, vous (vous rafraîchirez) en buvant du jus de raisin.

9) Si le tonneau (se débouche), il (faudra) y mettre un bouchon.

10) Si vos amis (viennent), vous (pourrez) leur dire la nouvelle.

11) Si tu (vas) à Paris, tu (verras) la Tour Eiffel.

12) S'ils (haïssent) leurs ennemis, ils leur (feront) la guerre.

13) Si elle (ne se soigne pas), elle (mourra).

14) Si vous n'(avez) pas d'argent, vous (ferez) de l'auto-stop.

15) Si vous ne (connaissez) pas la ville, vous (irez) au hasard.

16) Si elle se (met) à regarder la télévision, elle vous (invitera).

17) Si nous (voyons) tous les aspects de cette question, nous (comprendrons) le problème.

18) S'il se (promène) au hasard, il se (perdra).

19) S'ils (font) du sport, ils (resteront) jeunes.

20) Si ce tableau (a) de la valeur, je le (vendrai).

21) Si tu (es) un inconnu pour eux, ils ne te (parleront) pas.

22) Si le liquide (coule), (essuie ou essuyez)-le.

23) S'il (pleut), (prends) ton parapluie.

24) Si elle (ne vous plaît pas), (ne sortez pas) avec elle.

25) Si cette jeune fille (meurt), (pleure ou pleurez).

26) Si vous la (trouvez) belle, (dites)-le-lui.

27) Si nous le (croyons) admirable, (exprimons)-lui notre admiration.

28) Si cette casserole (est) trop grand, (prends ou prenez)-en un autre.

29) Si tu (veux) faire les vendanges, (va) en Champagne.

acheter 사다		aller 가다	appeler 부르다		s'asseoir 앉다	avoir 가지다	boire 마시다
achète	peser 무게를 달다	vais	appelle		m'assieds	ai	bois
achètes		vas	appelles		t'assieds	as	bois
achète	achever 완성하다	va	appelle		s'assied	a	boit
achetons		allons	appelons		nous asseyons	avons	buvons
achetez	mener 이끌다	allez	appelez	jeter 던지다	vous asseyez	avez	buvez
achètent	lever 일으키다	vont	appellent	épeler 철자를 말하다	s'asseyent	ont	boivent
[acheté]	crever 터지다	<allé>	[appelé]		[assis]	[eu]	[bu]
achèterai	semer 씨뿌리다	irai	appellerai		m'assiérai	aurai	boirai

conduire 데리고 가다		connaître 알다		courir 달리다		croire 생각하다	cueillir 따다	
conduis	cuire 굽다	connais		cours		crois	cueille	
conduis		connais		cours		crois	cueilles	
conduit	construire 세우다	connaît		court		croit	cueille	
conduisons	détruire 파괴하다	connaissons	paraître ~처럼 보이다	courons		croyons	cueillons	
conduisez		connaissez	disparaître 사라지다	courez	parcourir 주파하다	croyez	cueillez	
conduisent	instuire 가르치다	connaissent	apparaître 나타나다	courent	accourir 급히오다	croient	cueillent	accueillir 맞이하다
	introduire 도입하다		reconnaître 알아보다		secourir 구조하다			recueillir 모으다
[conduit]	produire 생산하다	[connu]		[couru]		[cru]	[cueilli]	
	réduire 줄이다							
conduirai	traduire 번역하다	connaîtrai		courrai		croirai	cueillerai	

devoir ~해야한다	dire 말하다	écrire 쓰다	envoyer 보내다	être 이다	faire 만들다	lire 읽다
dois	dis	écris	envoie	suis	fais	lis
dois	dis	écris	envoies	es	fais	lis
doit	dit	écrit	envoie	est	fait	lit
devons	disons	écrivons	envoyons	sommes	faisons	lisons
devez	dites	écrivez	envoyez	êtes	faites	lisez
doivent	disent	écrivent	envoient	sont	font	lisent
[dû]	[dit]	[écrit]	[envoyé]	[été]	[fait]	[lu]
devrai	dirai	écrirai	enverrai	serai	ferai	lirai

mettre 놓다		mourir 죽다	naître 태어나다	ouvrir 열다		peindre 그리다	
mets		meurs	nais	ouvre		peins	teindre 염색하다
mets	permettre 허락하다	meurs	nais	ouvres	couvrir 덮다	peins	atteindre 도달하다
met	promettre 약속하다	meurt	naît	ouvre	découvrir 발견하다	peint	
mettons		mourons	naissons	ouvrons		peignons	éteindre 끄다
mettez	soumettre 복종시키다	mourez	naissez	ouvrez	souffrir 고통을겪다	peignez	craindre 두려워하다
mettent	admettre 받아들이다	meurent	naissent	ouvrent	offrir 제공하다	peignent	
[mis]	commettre 저지르다	<mort>	<né>	[ouvert]		[peint]	plaindre 동정하다
mettrai		mourrai	naîtrai	ouvrirai		peindrai	joindre 합치다

pouvoir 할 수 있다	prendre 잡다		recevoir 받다	répondre 대답하다		rire 웃다	
peux	prends		reçois	réponds	défendre 막다	ris	
peux	prends		reçois	réponds		ris	
peut	prend		reçoit	répond	rendre 되돌려주다	rit	
pouvons	prenons	apprendre 배우다	recevons	répondons	prétendre 주장하다	rions	
pouvez	prenez		recevez	répondez		riez	
peuvent	prennent	comprendre 이해하다	reçoivent	répondent	entendre 듣다	rient	sourire 미소짓다
		surprendre 놀라게하다			descendre 내려가다		
[pu]	[pris]	entreprendre 시도하다	[reçu]	[répondu]	attendre 기다리다	[ri]	
					vendre 팔다		
pourrai	prendrai		recevrai	répondrai	tendre 내밀다	rirai	

Additional middle-column items for recevoir: apercevoir 발견하다, concevoir 이해하다

savoir 알다	sortir 외출하다		suivre 따라가다	se taire 조용히 하다	valoir 가치가 나가다
sais	sors	partir 떠나다	suis	me tais	vaux
sais	sors		suis	te tais	vaux
sait	sort	sentir 느끼다	suit	se tait	vaut
savons	sortons	servir 대접하다	suivons	nous taisons	valons
savez	sortez		suivez	vous taisez	valez
savent	sortent	dormir 자다	suivent	se taisent	valent
[su]	<sorti>	mentir 거짓말하다	[suivi]	[tu]	[valu]
saurai	sortirai	consentir 동의하다	suivrai	me tairai	vaudrai

venir 오다		vivre 살다	voir 보다	vouloir 원하다	비인칭표현
viens	devenir ~이 되다	vis	vois	veux	
viens		vis	vois	veux	
vient	revenir 다시오다	vit	voit	veut	falloir → il faut
venons	souvenir 회상하다	vivons	voyons	voulons	[il a fallu]
venez		vivez	voyez	voulez	il faudra
viennent	tenir 잡다	vivent	voient	veulent	
	obtenir 얻다				pleuvoir → il pleut
<venu>		[vécu]	[vu]	[voulu]	[il a plu]
	contenir 포함하다				il pleuvra
viendrai	retenir 붙잡다	vivrai	verrai	voudrai	

⬤ 주요 시제 만드는 법

- 직설법 현재 : 제1군 (~er) [~é] -e / -es / -e / -ons / -ez / -ent
  제2군 (~ir) [~i] -is / -is / -it / -issons / -issez / -issent
  제3군 (불규칙이므로 동일 변화 그룹별로 암기)

- 직설법 복합과거 : 조동사 avoir나 être의 현재 + 과거분사

- 직설법 단순미래 : 1,2군 동사의 원형 + -ai / -as / -a / -ons / -ez / -ont (3군 불규칙 제외)

- 직설법 전미래 : 조동사 avoir 나 être의 단순미래 + 과거분사

- 직설법 반과거 : 직설법 현재 1인칭 복수 어간 + -ais / -ais / -ait / -ions / -iez / -aient (être는 étais)

- 직설법 대과거 : 조동사의 avoir 나 être의 반과거 + 과거분사

- 조건법 현재 : 단순미래 어간 + 반과거 어미 → 예외 없음

- 접속법 현재 : 직설법 현재 3인칭 복수 어간+ -e / -es / -e / -ions / -iez / -ent
  (nous, vous는 직설법 반과거 변화와 동일)

- 단순 과거 : -ai / -as / -a / -âmes / -âtes / -èrent
  -is / -is / -it / -îmes / -îtes / -irent
  -us / -us / -ut / -ûmes / -ûtes / -urent
  -ins / -ins / -int / -înmes / -întes / -inrent

MEMO